아그리파
그리기

아그리파 그리기

김미경 수필집

수필과비평사

| 책머리에 |

긴 기다림이었습니다. 등단한 지 15년이 되어서야 첫 수필집을 냅니다.

조금 일찍 찾아온 등단의 기회를 놓치고 싶지 않아 덜컥 문고리를 잡고서는 후회를 했습니다. 세상을 보는 눈이 어설픈 나이에 수필을 쓴다는 것은 쉬운 일이 아니었습니다. 사유의 부피가 작으니 글의 깊이는 얕을 수밖에 없었습니다. 미려한 수사로 지은 글에는 정작 내가 하고 싶은 마음을 싣지 못한다는 것을 알게 됐습니다.

불혹을 훌쩍 넘긴 때였습니다. '나는 왜 글을 쓰려 하는가?' 스스로에게 질문을 던지고 문우들과 글을 쓰는 이유에 대해 얘기를 나누다 답 비슷한 것을 찾았습니다. 그것은 '관조'였습니다. 다시 사전을 찾아보니 "고요한 마음으로 사물이나 현상을 관찰하거나 비추어 봄"이라고 합니다. 내가 아닌 다른 그 무엇을 통해 나와 세상을 들여다보기 시작한 것입니다. 사유의 부피를 확장하는 일은 나의 솔직함만으로는 부족하다는 것을 안 것입니다.

제 글의 대부분은 가족 이야기입니다. 가족들은 내가 가장 쉽게 관조할 수 있는 대상이기도 했습니다. 구순을 넘기고 돌아가신 할머니, 팔순을 바라보는 친정엄마, 옹기종기 모여 살고 있는 형제들이 나옵니다. 띠동갑인 두 아들과 남편도 물론입니다. 행복과 슬픔이 시시각각 교차하는 세상에 맞서 치열하게 살아가는 우리들의 일상을 수필 한 편 속에서 담담히 정리하려고 했습니다.

벚꽃 흩날리는 날, 이등병 큰아이가 첫 휴가를 나왔습니다. 기차역에 나가 설레는 마음으로 기다렸습니다. 몇 분 후 기차가 도착한다는 안내판을 보고 둘째랑 손잡고 '나오는 곳'을 뚫어져라 보았습니다. 하지만 아이는 쉽게 모습을 보여주지 않았습니다. 이번 기차가 아닌가 하는 순간 둘째가 제 형을 향해 달려갔습니다. 길어야 5분밖에 되지 않은 그 순간이 그렇게 길 수가 없었습니다. 아이를 보고 싶은 마음이 그만큼 컸기 때문이겠지요.

출판사에서 보낸 교정지 원고를 받던 날의 느낌도 그랬습니다. 간절함 끝에 만난 큰아들처럼 반가웠습니다.

출간을 격려해주신 울산문인협회, 울산수필가협회, 울산중구문학회 선후배 선생님과 여러 문우님께 감사드립니다. 가족들의 든든한 응원으로 첫 수필집을 낼 수 있었습니다. 모두 모두 고맙습니다.

2017년 6월

김 미 경

■ 차례

1부
스무 살의 0순위

비 맞으러 가자던 친구 _ 12

곰솔에 걸린 보름달 _ 15

괜한 고집 _ 19

오십 년짜리 선물입니다 _ 25

스무 살의 0순위 _ 31

전화를 설명하다 _ 35

집에 가자 _ 45

노을 속 할머니 _ 49

선물을 기다리며 _ 53

2부

아그리파 그리기

능소화 지는 날에 _ 58

수건을 개며 _ 62

보도연맹 가족을 찾습니다 _ 66

봄날 _ 71

시내안경점 _ 76

어디 조카뿐이겠습니까 _ 81

아그리파 그리기 _ 85

어떤 졸업 _ 91

엄마가 보고 있다 _ 96

3부
소망 우체통

엄마도 몰랐다 _ 102

예비 시인이여 _ 106

여행가방의 변신 _ 110

없던 일로 하기 _ 113

김밥 _ 117

가슴으로 키우는 나무 _ 120

소망 우체통 _ 124

진짜 휴가 _ 128

길 위의 그녀 _ 134

4부

언니의 바다

본능적으로 _ 142

동네 한 바퀴 _ 146

두 자릿수 곱셈 _ 151

근처 1 _ 156

근처 2 _ 160

언니의 바다 _ 163

연둣빛 텃밭 _ 168

살림 맛 _ 172

시인의 언덕 _ 176

5부
곡선

상방上防 골목길 _ 182

고양이 아파트에서 떨어지다 _ 197

바람 소리 _ 202

병수 후배님아 _ 208

소통 _ 213

곡선 _ 217

라이터돌을 찾아서 _ 220

장갑 한 짝 _ 225

| 발문 | 한경선 수필가

사람 사는 길 위에 사랑을 그리다 _ 229

1부

스무 살의 0순위

그러고 보니 우리 부부도 스무 살에 만나 오랜 연애기간을 토닥이며 지나왔다. 돌이켜 생각해보니 잠시였다. 청춘의 어설픈 사랑 놀음이 아니었더라면 새삼 추억할 그 무엇도 없는 그 시절이 아니겠는가. 스무 살의 첫사랑은 누가 뭐래도 0순위였다.

비 맞으러 가자던 친구

여름날 비가 내리고 큰 바람이 불 때면 생각나는 친구가 있다.

대학을 다닐 때였다. 비가 내리는 날이면 친구는 한 번씩 비 맞으러 가자고 전화를 했다. 태풍이 오기라도 하면 영락없이 전화를 걸어 바람 맞으러 가자고도 했다. 나는 비바람이 불면 방안에 꼭꼭 숨어 버렸는데, 일부러 그것들을 '맞으러' 가자는 별난 친구였다.

비 오는 날, 친구와 자주 찾은 곳은 울주군 상북면 가지산 자락에 있는 석남사였다. 차가 흔하지 않던 시절, 우리는 몇 시간 걸려 겨우 그곳에 도착할 수 있었다. 친구는 절집까지 가는 제법 먼 길을 우산도 쓰지 않고 우거진 숲에서 떨어지는 비를 고스란히 맞았다. 친구는 "숲 속에선 비를 많이 맞지 않는다."면서 나의 우산을 젖히며 장난을 걸어왔다. 나는 친구의 그 말에 솔깃해 슬며시 우산을 접고 숲길을 걸어본 적이 있다. 친구의 말이 맞았다. 억수같이 내리던 빗줄기가 정말 숲 속에선 잦아들어 있었다. 그러나 절에 도착할 즈음 우리는 비 맞은 생쥐 꼴이 되어 있었다.

친구와 나는 풍경이 일렁이는 절집 처마 밑에 자리를 잡고 앉아 빗소리를 들었다. 잠든 아기의 숨소리 같은, 때론 세상의 문을 두드리는 것 같은 힘찬 빗소리에 흠뻑 취해 갔다. 그렇게 비 오는 날 산사에서 친구와 나는 잠시나마 구도를 하는 비구니가 되었다.

바람 부는 날, 나를 데려가는 곳은 장생포였다. 지금의 해양 공원이 내려다보이는 언덕 어디쯤, 울산항 포구가 한눈에 들어오는 곳이었다. 포구에서 곧장 언덕으로 내달아 오는 태풍 때문에 몸을 제대로 가누기조차 힘이 들었다. 집채만 한 파도가 해안가 도로를 덮치고, 촘촘하게 묶여 있던 배들이 맥없이 출렁이는 것을 숨죽이며 지켜보았다. 그렇게 태풍이 빚어내는 공포가 절정에 이를 즈음 친구와 나는 누가 먼저랄 것도 없이 비명 같은 소리를 내질렀다. 청춘에 대한 막연한 불안감에 떨던 친구의 소리는 차라리 절규였다.

어느 날 친구에게 비를 맞고, 바람을 맞는 것을 왜 좋아하느냐고 물어 보았다. 친구는 그저 도道 닦는 일이라며 장난처럼 말했다. 그 친구와 함께 비 맞고, 바람 맞는 일은 졸업 때까지 두 해나 계속되었다. 친구와 '도 닦는' 기행奇行을 계속하면서도 도에 이르진 못했지만 나름대로 세상을 살아가는 소중한 교훈 하나를 얻을 수 있었다. 어떤 어려움에 맞닥뜨리더라도 그것을 회피하지 않아야겠다는 것이다.

요즘 힘든 현실 앞에서 너무 쉽게 좌절하며 현실에 맞서 극복하기보다는 그것을 회피하고 숨어버리려는 경향이 아닌가 되돌아보게 된다.

졸업을 하고 친구와 나는 제각기 다른 길을 갔고, 지금은 연락할 길조차 없다. 그러나 스무 살을 겨우 넘긴 나이에 겪었던 불안하고 힘들었던 일상을 제 나름의 방법으로 이기려 했던 그 친구를 잊을 수가 없다.

나는 요즘도 비 오고, 바람 부는 여름날이면 집에 가만히 있지 못하고, 그것들을 온몸으로 맞으러 어디론가 떠나고 싶어진다. '비 맞으러 가자'고 친구에게 전화를 걸고 싶다.

곰솔에 걸린 보름달

국경일까지 징검다리로 낀 올해 추석 연휴는 길다. 공휴일 오후, 바쁜 일상에서 벗어나 여행을 떠나듯 마음이 이끄는 대로 그곳을 향했다. 정자 넘어가는 새로 뚫린 길을 달리니 구불구불 돌던 옛길에서는 보지 못했던 둥그런 산 전체가 눈에 들어왔다. 가을 속에 선 나무와 들꽃들이 길가에서 술렁이고 있었다.

울산과 경주의 경계에 걸린 바닷가 신명리. 바람 센 날은 파도가 삼켜버릴 것 같은 바다에 근접한 작은 마을이다. 두 개의 길지 않은 방파제가 여덟 팔八 자 모양으로 마을을 감싸 안고 있다.

내가 이곳을 알게 된 것은 형부 때문이다. 벌써 8년이란 세월이 흘렀다. 대기업 연구소에 근무하던 형부는 IMF 경제위기로 모든 것이 혼란스럽던 그해, 심근경색으로 우리 곁을 떠났다. 형부는 서른 중반의 동갑인 언니와 어린 두 딸을 남기고 갔다.

대전에서 장례를 치른 형부는 한 줌 재가 되어 신명 바닷가에 뿌려졌다. 형부가 바다로 떠난 그날 밤 신명리에는 겨울비가 처량하게 내렸고, 파도는 갯바위들을 모두 삼킬 만큼 사나웠다. 그러나 슬픔이 너무 컸던 나는 그곳이 어디인지 몰랐다.

반년도 넘게 지난 뒤 남편과 함께 그 바다를 드디어 찾아냈다. 그해 추석을 사나흘 앞둔 날이었다. 남편은 용케도 칠흑 같은 밤 울음 속에서 찾았던 그 바닷가를 기억해 냈다. 시 경계에 있었던 군부대 검문소를 머리에 새겨놓았다고 했다.

그날 다시 찾은 가을 바다는 너무 조용했다. 여름 내내 북적였을 파도도 지쳐 쉬는지 적막감마저 흘렀다. 형부가 떠났던 그 울퉁불퉁한 갯바위에 오르니 가슴이 먹먹하고 눈물이 났다. 그날 밤 새까만 바다로 흩어져갔던 형부가 하얀 포말이 되어 갯바위로 모여 드는 것 같았다.

더 열심히 교회를 나가는 언니에게는 말하지 못했다. 바다 쪽으로 나들이라도 가자면 언니는 바다만 보면 가슴이 시리다고 했다. 언니는 바다를 애써 외면했다.

형부가 남긴 상처는 컸다. 반년이 지나도록 언니는 초점 잃은 눈으로 방바닥만 보고 있기 일쑤였다. 설상가상으로 여섯 살이던 작은조카는 흔치 않는 중병을 앓기 시작했다. 남편은 형부가 생전 즐겼던 맥주를 천천히 바다에 따르며 '여기 걱정은 말고 편히 쉬라'는 축원을 했다. 그러나 나는 그저 형부가 원망스러웠다.

그날부터 시작된 신명 바닷가와의 인연은 형부의 기일과 추석 즈음 이렇게 일 년에 두어 차례씩 몇 년을 이어왔다. 어느 해는 마을 속에 숨어있던 곰솔나무를 발견했고, 나무 그늘 아래에 앉아 바다를 보곤 하였다. 그곳에서 바다를 보고 있노라면 형부에 대한 원망도 차츰 옅어져 갔다.

신명 바닷가의 곰솔은 올 여름 태풍에도 가지 하나 다치지 않고 무사했다. 가지들은 한 뼘 더 바닷가로 뻗어갔을까. 여전히 싱싱한 생명력을 뿜어내고 있었다.

갯바위와 자갈밭을 의지해 생명을 이어왔을 곰솔의 모습은 여느 소나무와는 많이 다르다. 하늘을 향해 쭉쭉 뻗지 못한 가지는 신기하게도 바다로만 향해 있다. 사람들은 바다로 뻗은 가지에 기둥을 세웠다. 기둥에 의지한 가지는 바다를 향해 끊임없이 나아가고 있다. 곰솔의 둥치에는 여름내 웃자란 담쟁이가 치마처럼 감싸고 있다.

곰솔나무 밑 제단에 누군가가 가져다 놓은 국화 화분이 있었다. 주민들이 마을의 안녕을 기원하는 제라도 올렸는지 바람이 불자 노란 국화 화분에서 가을 향이 피어올랐다.

바다를 바라보며 남편과 나란히 앉았다. 마을 앞쪽 방파제에 휴일을 낚으러 온 낚시꾼들이 참 많았다. 가족들이 함께 낚시를 하는 광경도 간간이 눈에 띈다. 그 모습을 보니 벌써 고등학생과 중학생이 되어 버린 조카들의 얼굴이 스치면서 코끝이 찡해 온다. 다행히 작은조카는 조금씩 건강을 회복하고 있다. 하지만 평생을 약에 의지하며 살아야 할지 모른다.

곰솔나무를 조용히 물러나와 갯바위들이 즐비한 바닷가를 걸었다. 물새 무리가 갯바위 마루에 앉아 넘어가는 해를 아쉬운 듯 바라보고 있다. 그중 한 마리는 사람이 가까이 다가가도 날아갈 생각을 하지 않았다.

이제는 담담해질 수 있다. 한때 형부가 아주 떠난 길목이기도 했지만, 어느새 나에게 평범한 바닷가 마을로 돌아왔기 때문이다. 어쩌면 형부는 지금 바다로만 뻗어가는 곰솔의 새 가지가, 갯바위 마루에 앉아 쉬는 물새가 되어 있을지도 모를 일이다.

언젠가 한번 언니에게 신명 바닷가에 가지 않겠느냐고 물었다. 언니는 잠깐 망설이더니 고개를 저었다. 해거름이 되어 바닷가를 빠져나올 때 곰솔과 바다 사이 구름 낀 하늘에 어느새 설익은 보름달이 걸렸다. 달빛 미소를 잘 머금던 형부가 그 속에 있었다. 올 추석에는 언니 가족들에게 곰솔에 걸린 보름달을 보여주러 다시 나서게 될 것 같다.

괜한 고집

7월의 어느 수요일 아침이었다. 밤부터 내리던 빗줄기가 아침이 되자 더욱 굵어졌다. 시커먼 하늘에서는 천둥마저 울리고 몇 가닥의 번개가 내리꽂히기도 했다.

차에서 내려 신호등이 없는 횡단보도를 건넜다. 우산을 펴든 상태에서 손목시계를 보니 수업 시작 20분 전이었다. 작년부터 강의를 하고 있는 '○○인력개발센터'의 1층 강의실 문을 밀었다. 그런데 문이 꿈쩍도 하지 않았다. 맥이 풀렸다. 순간적으로 땅바닥에 주저앉을 것만 같았다. 나는 열리지 않는 문을 더욱 힘차게 밀어 보았다. 그러나 누군가에 의해 잠긴 문은 끝내 열리지 않았다.

며칠째 센터의 관장과 다투고 있다. 센터에서 처음으로 국비지원 강의를 시작하면서였다. 애초부터 강의료 문제를 확실히 해두지 못한 내 탓도 있었지만 관장은 강의 시작 전부터 돈 문제에 대해 손사래를 쳤다. 면담을 요청하면 늘 "~쯤 될 거예요." 하며 어물쩍 넘어갔다.

이래저래 서면계약 없이 수업은 진행되었고 강의료는 두 달이 다 되어서야 한 달치가 통장에 입금되었다. 국비지원 컴퓨터 수업을 담당했던 전임자가 말한 강의료보다 훨씬 형편없는 것이었다. 나는 곧장 항의를 했고, 가능하다면 강의료가 책정된 근거를 알고 싶다고 했다. 전액 국비로 이번 교육이 이뤄지는 만큼 담당 강사에게 충분히 알려 줄 수 있을 거라고 기대했다. 그러나 관장은 근거는커녕 강의가 시작되기 전 구두로 계약하지 않았냐며 싫으면 강의를 그만두라고 했다. 기가 막혔다. 석 달 강의 기간 중 벌써 두 달을 해 왔는데, 그만두라니.

나는 관장의 말을 듣고 한순간 '강의'에 마음을 접어 버렸다. 부당한 처우도 문제지만 권위주의로 가득한 그간의 일들이 떠올랐기 때문이다.

이런 일도 있었다. 수업시간 중 몇 명의 수강생이 센터 직원의 호출을 받고 불려 나갔다. 나는 관장이 개인적인 면담을 하는 것으로 여겼다. 그러던 중 수강생들이 불려 나간 이유를 알게 되었다. 관장의 승용차가 전용주차장을 빠져나가거나 들어올 때 길을 터주기 위한 것이었다.

가뜩이나 이런 관장의 부당한 처사에 신물이 나던 차에 강의고 뭐고 다 팽개치고 싶었다. 그런데 30명의 주부 수강생들이 눈앞에 아른거렸다. 수료증 하나 받기 위해 벌써 두 달 가까이 수업을 받고 있는 수강생들에게 의견을 물어볼 수밖에 없었다. 자초지종을 들은 수강생들은 내가 수업을 계속해 주었으면 했고, 결국 전과 다름없이 수업을 계속할 수밖에 없었다. 한편으론 수강생들에게 피해가 될 것 같아 이쯤에서 마무리해야겠다는 생각도 했다.

그런데 그것은 나만의 생각이었다. 관장은 내가 수강생들과 앞으로의 수업에 대해 의견을 나누고 있는 동안 재빨리 새로운 강사를 수소문한 뒤 수강생들에게는 수업 전날 연락을 해 수업을 한 주 연기시켜 버린 것이다.

닫힌 문 앞에 서서 거침없이 쏟아지는 비를 한참 지켜보았다. 시커먼 아스팔트를 때리듯 내리는 비를 보고 있자니 눈물이 글썽였다. 나는 마음을 다잡고 관장을 만나기로 했다. 사무실이 있는 3층까지의 계단을 오르며 내가 무엇을 잘못했는지 수없이 곱씹어 보았다. 설사 강의료 문제로 몇 번 언쟁이 있었다 하더라도 두 달 동안 계속해온 수업을 이렇게 막을 수는 없는 일이었다. 더군다나 강의를 받는 수강생들 입장을 진심으로 생각한다면 있어서는 안 되는 일이었다.

센터 관장은 의외로 당당했다. 자초지종 설명도 없이 월요

일부터 새로운 강사가 수업을 하게 됐다고 한마디 통보를 했다. 그 말을 쏘는 관장의 화장기 짙은 얼굴에서 권위주의가 묻어났다. 그 앞에서 얼마나 많은 강사들이 자기 목소리 한번 내지 못하고 물러서야 했을까.

짧은 순간 갈등이 일었다. 피해 갈까도 생각했다. 그러나 나는 관장에게 큰소리로 항의했고 수강생들을 전화로 불러모았다. 그리고 시의회, 언론사의 지인들을 동원했다. 그랬더니 문제는 쉽게 해결되었다. 불과 두 시간 뒤에는 수강생들이 보는 앞에서 관장은 '수업을 계속하도록 하겠다.'고 했다. 그렇게 말하는 관장의 입술이 파르르 떨렸지만 수업을 못하게 한 무모함에 대해선 입을 다물었다.

그러나 그것으로 끝난 게 아니었다. 관장은 관할 관청에 보고를 해야 한다며 계약서 작성을 요구해왔다. '지난 5월 3일에 구두로 계약한 바가 있는….'으로 시작한 황당한 계약서였다. 센터 직원을 통해 계약서를 작성하지 않으면 강의를 할 수 없다는 관장의 말을 전해 들었다. 또다시 수업을 볼모로 건 것이다. 나는 '관할 관청에서 요구해서 이런 계약서를 작성한다.'는 부언을 쓴 계약서를 주는 것으로 대응했다. 직원은 첨부가 있는 계약서는 안 되며 다시 작성해 줄 것을 요구했지만 나는 한번 작성한 계약서를 왜 다시 써야 하느냐며 버텼다.

관장은 이렇게 '말 안 듣는 강사'를 그냥 두지 않았다. 이번에는 수업일지와 출석부를 가져가 버렸다. 계약을 하지 않은 강사의 강의는 무효라며 억지를 부렸다. 수강생들에게 수업을 계속하기로 약속을 해서인지 강의를 막지는 않았다. 나는 출석부 대신 수강생들에게 성실히 수업에 임했음을 증명하는 서명을 받으며 우여곡절 끝에 3개월 과정의 수업을 마쳤다.

가을바람이 선선한 지금도 이 싸움은 진행형이다.

센터와 실랑이를 벌이는 동안 내 생활도 엉망이 되고 말았다. 여름 방학을 맞은 아이에게 오랜만에 엄마 노릇하겠다며 별러온 일들을 하지 못했다. 사실관계를 적은 진정서를 센터 지원 단체인 여성부에 보냈다. 지원비가 엉뚱한 곳에 쓰이지 않는지 시의회에서도 관심을 가져줄 것을 당부했더니 늦게나마 센터의 예산 집행과 운영에 관한 자료를 요청했다는 연락을 받았다. 지금부터가 진짜 권리 찾기 싸움이 될 것이다.

어쩌다 전화 통화를 하게 된 친구에게 그간의 사정을 이야기했더니 "몇 푼 되지도 않는 강사료 가지고 그렇게 골치 아프게 일을 벌일 필요 있느냐."고 했다. 친구의 말에도 일리는 있다. 눈을 조금만 돌리면 편하고 쉬운 길이 분명히 있었을 것이다. 괜한 고집이 쉬운 길을 무너뜨려버렸을지도 모를 일이다. 어느 때보다 뜨거웠던 올 여름, 지열이 부그르르 피어오르는 아스팔트길을 건너다니는 내 자신이 스스로도 얼마나 안타까웠는지 모른다. 그렇지만 무너진 길을 한발 두발 가고 있는 내 모습이 싫지는 않다.

권리 찾기를 쉽게 포기하고 세상과 타협하기엔 아직 나는 젊다.

오십 년짜리 선물입니다

나는 여섯 살이고 무룡초등 병설유치원에 다닙니다. 아침에 엄마랑 떨어지기 싫지만 이런저런 일로 바쁜 엄마 때문에 그냥 아빠 차를 타고 유치원엘 가야 합니다. 아빠는 눈물 없인 못 보겠다며 오늘도 이상한 소리로 웃습니다. 나는 엄마에게 오늘은 몇 시에 올 거냐고 묻고 엄마는 "네 시… 음…삼십 분." 합니다. 나는 엄마가 미덥지 않아 계속 "네 시 삼십 분에 와." 하며 배웅 나온 엄마에게 다짐을 받고, 차문이 닫힌 뒤에는 손가락을 접었다 폈다 하며 또 약속을 합니다. 오늘은 엄마 차가 신호에 오래 걸리지 않고, 차가 밀리지도 않고 시간 맞춰 오기를 바라고 또 바랍니다.

유치원 정규반 친구들이 가고 나면, 종일반 교실에서 레고 블록을 만지작거리며 시계를 계속 봅니다. 엄마가 온다는 시간이 십 분이나 지났는데 초인종이 울리지 않습니다. 형래 엄마도, 서정이 엄마도 조금 전에 딩동 눌렀는데 말이에요. 속상해서 눈물이 나오려고 합니다. 하모니 선생님께서 내가 울까 봐 그러는지 옆에 와서 "찬아, 엄마 곧 오실 거야." 하며 머리를 쓸어 주십니다. 하모니 선생님한테서 엄마 냄새가 조금 났습니다. 방금 우리가 먹은 간식 설거지를 해서 그런지 퐁퐁 냄새 같은 것이었습니다.

우리 엄마는 참 바쁩니다. 아침 일찍 아빠보다 먼저 뛰어나가는 날도 있구요. 어떤 날은 종일토록 컴퓨터 앞에서 공부만 하기도 하고, 어떤 날은 저녁 모임에 가거나 형아들 글쓰기 공부 시키러 가기도 합니다. 그런 날이면 할머니랑 팽이돌리기를 하거나 텔레비전을 보며 엄마가 돌아올 동안 얌전히 있습니다. 나는 여섯 살 형이니까요. 다섯 살 때는 마구 떼를 써 엄마를 붙잡기도 하고 울어도 보았습니다. 그래도 엄마는 "안 돼." 하며 가버렸으니까 이젠 알아요. 내가 울어도 엄마는 갈 땐 간다는 것을요.

엄마가 왔습니다. 아침에 말한 시간보다 이십오 분이나 늦게 왔습니다. 내가 시계를 볼 수 있게 된 것도 약속 시간을 얼렁뚱땅 넘기는 엄마 때문에 선생님께 묻고 또 물어 알게 된 것입니다. 엄마는 이십오 분이 긴 게 아니라 했지만 나는 오 분도 길기만 한데 어른들은 왜 안 길다고 하는지….

얼른 운동장으로 달려갔습니다. 엄마는 내 가방을 들고 따라오며 넘어질라 걱정하지만 나는 앞서 나간 친구들이 그네를 타고 놀 것만 같아 엄마 말이 들리지 않습니다. 그러나 곧 "다 갔버렸잖아." 하며 엄마를 향해 눈을 흘겼습니다. 엄마는 내 마음을 다 알아챘는지 놀이터에서 조금 놀다 가자며 내 손을 잡습니다. 친구들은 없지만 집으로 곧장 가지 않고 미끄럼틀이라도 타고 갈 수 있게 되어 기분이 조금 풀어집니다.

엄마는 나무의자에 앉아 정글짐 꼭대기로 올라가는 나를 놓치지 않고 쳐다봅니다. 입학했을 때만 해도 두 칸밖에 오르지 못했지만 이젠 그때보다 길어진 팔다리로 다람쥐처럼 꼭대기에 올라앉습니다. 엄마가 나보다 낮아져 있습니다. 걱정스럽게 나를 지켜보던 엄마도 "우리 찬이가 엄마보다 더 크네." 하며 웃습니다.

엄마는 옆 아파트에서 놀러 나온 아줌마들이랑 이야기를 할 때도 있습니다. 엄마 곁에서 놀다보면 "늦둥이 낳으셨나 봐요. 좋으시겠어요." 하는 소리가 들립니다. 늦둥이란 말은 나보고 그런다는 것쯤은 벌써 알았습니다. 그 다음 이어지는 우리 엄마의 대답도 나는 압니다. "예,…근데 힘들어요." 이런 엄마의 대답을 들으면 내가 좋다는 건지 힘들어서 싫다는 건지 참 아리송합니다.

엄마가 나 때문에 힘들지 않았으면 좋겠습니다. 열두 살 많은 고등학생인 형 때문에 엄마는 날마다 소리 지르느라 힘드니까요. 형아는 알아서 할 테니 잔소리 좀 그만하라며 대들다가 결국 엄마한테 혼나고 다락방으로 쫓겨 올라갑니다. 내 눈에 엄마와 형은 게임할 때처럼 서로 총을 쏘는 라이벌인가 봅니다. 이럴 때 나는 겁이 나 한쪽에서 가만히 지켜보다가 결국 울상이 되어버린 엄마한테 다가가 뽀뽀를 퍼붓습니다. 후후훗 엄마가 웃습니다.

엄마가 마트에 장 보러 가잡니다. 장을 보는 것은요, 내가 카트에 타고 달걀, 라면, 우유, 돼지고기, 고등어, 과일 같은 것을 사는 겁니다. 내가 앉아 있는 자리가 점점 좁아지면 나는 내려서 걷겠다고 합니다. 엄마는 언제부턴가 안 된다고 했습니다. 내가 내리면 곧장 장난감 코너로 가서 서성댈 것이라 생각하기 때문인가 봅니다. 그냥 구경만 하겠다고 해도 엄마는 카트를 돌려 그릇, 수세미, 슬리퍼 등 하나도 볼 게 없는 곳으로만 돌거든요. 나는 계산대에 가기 전까지 민수가 새로 샀다고 자랑한 슈퍼팽이를 사고 싶어서 엄마에게 작전을 폅니다. 그러나 엄마는 산타할아버지 오실 때가 다 돼 가니 그때까지 참아보라고 합니다. 크리스마스 때 착한 아이들에게 선물을 주러 오신다는 산타할아버지는 지난번 내 생일 이후로 내게 선물을 주시기로 돼 있나 봅니다. 그래서 나는 지금 떼를 쓰면 안 되고 울어서도 안 됩니다.

엄마는 벌써 계산대로 갑니다. 정말 눈물이 삐질 나올 만큼 아쉽지만 참아냈습니다. 민수가 자랑하는 슈퍼팽이를 꼭 빨간 옷 할아버지가 가져오길 빌다가 안 가져오면 어쩌나 싶어서 엄마한테 다짐을 받습니다. 만약 내가 못 받으면 엄마가 사줘야 한다고 말입니다.

집에 돌아와서 첫 번째로 해야 할 일은 씻기입니다. 목욕통에 물을 받은 엄마가 부릅니다. 얼른 '뽀로로와 친구들'을 데리고 들어갑니다. 엄마는 방금 벗은 내 옷에 비누칠을 하다가 한 번씩 나를 살핍니다.

"아참 엄마, 엄마는 왜 한 번도 선물을 사지 않아?"

내 생각에는 엄마 선물을 사는 걸 본 적이 없습니다. 지갑에서 파란 카드를 꺼내 계산하는 아줌마한테 내밀기만 하면 마음껏 선물을 가질 수 있는데도 말입니다. 내 말이 이상한가요? 엄마가 입으로만 웃습니다.

"찬아, 그렇게 선물이 좋아? 근데 선물은 꼭 물건으로만 받는 건 아니란다. 엄마는 마흔한 살 때 큰 선물을 받았단다. 앞으로 오십 년 동안은 아무것도 받지 않아도 될 크-은 선물."

"……."

"엄마는 벌써 오십 년짜리 선물을 받았단다. 돌아가신 왕할머니가 아빠 엄마한테 보내준 좋은 선물, 우리 찬이 말이다."

"아, 내가 그 선물이구나 하앙."

아침에 엄마가 방을 닦고 있습니다. 재빨리 어깨에 보자기를 두르고 엄마 등에 오릅니다. 날개를 단 나는 엄마 말을 타고 또 하루를 시작합니다.

나는 엄마의 오십 년짜리 선물입니다. 우리 엄마 기임미이 겨엉의 웃음보따리인 늦게 배달된 선물이랍니다.

스무 살의 0순위

아르바이트를 하러 나간 큰아들 방에 들어갔다가 서운한 마음으로 나오게 되었다. 책상 위에 널브러진 종이를 치우다 여자 친구에게 쓴 연애편지를 읽게 되어서다. 무려 네 장이나 되는 종이에 빽빽이 써 내려간 스무 살 청춘의 고백서는 흥미로웠다. 제법 문장이 되네, 라며 시작한 읽기에서 한 여자에게 점점 남자가 되고 싶어 하는 아들의 모습이 낯설기도 했다. 그러다가 마지막 장에서 '너는 나의 0순위야.'라는 구절을 읽을 때는 "아들 다 소용없다."는 말이 절로 올라오고 배신감마저 들었다.

사춘기를 지날 때도 연예인 화보 한 장 걸어두지 않고, 등하굣길에 예쁜 여학생 만난 적도 없더냐며 놀려도 시큰둥한 반응을 보이던 아이였는데…. 스무 살 성년식 즈음 여자 친구가 생겼다는 얘길 들었건만.

잠자리에 누운 남편에게 아들 얘길 했다. 배신감이 느껴진다는 서두를 떼며 세세히 읊어대니 남편이 "좋을 때지."라며 웃었다. 그러고선 괜히 간섭 심한 엄마라는 소릴 듣지 않게 알은체를 아예 말라 했다.

좀체 잠이 들지 못하고 '0순위'에 매달렸다. 스무 해 동안 길러준 제 엄마는 뒷전이고 두어 달 사귄 여자에게 홀딱 빠져서 콩깍지를 뒤집어쓴 큰놈이 생각할수록 괘씸했다. 한쪽 구석에 잠들어 있는 작은애가 뒤척였다. 올해 여덟 살인 둘째가 밤이면 무섭다며 안방 한쪽을 차지하고 있다. 일어나서 가만가만 머리카락을 넘겨준다. 잠든 얼굴에서 큰놈 얼굴이 보인다. 나비잠을 자던 아기 때부터 캐릭터 가방을 메고 입학식 가던 날, 중학교 교복을 입고 장롱 앞에서 어정쩡하게 사진을 찍던 날, 고등학생이 되자마자 야간자율학습에 지쳐 해쓱한 얼굴로 현관문을 들어서던 장면들이 주마등처럼 스쳤다.

큰애가 열세 살 여름방학이었을 때 늦둥이 동생이 태어났고, 많은 걸 무조건 양보해야 하는 환경이 되어버렸다. 동생이 생기기 전까지는 부모로부터 부여받은 0순위 지위를 마음껏 누렸을 것이다. 절대군주시대의 왕처럼 떼를 쓰기도 하고 말도 안 되는 주문을 해도 들어주고 또 따라주려고 애써왔다. 그러나 새 왕의 등극처럼 동생이 태어남과 동시에 큰애는 이미 왕

좌를 떠난 '다 큰 아이'여야 했고, 찬밥도 아닌 '얼음밥'이 될 때가 더 많았다.

생각해보니 지난 8년간 큰애 일은 중요도에 따라 내게 우선순위권 안에 들기도 했지만 0순위를 차지하지는 못했다. 그 애도 알고 있었다. 사춘기 때 학교 행사나 학부모 참관수업 때 엄마가 당연히 오지 못할 거라고 생각하여 일정조차 말해주지 않았다. 그날들은 얼마나 아쉽고 서운했을까.

올해 초 스무 살짜리 큰애는 타 지역으로 대학진학을 해 처음으로 집을 떠나게 되었다. 아들을 기숙사에 데려다주고 돌아오는 날부터 가슴 한구석엔 학교생활은 잘 적응하고 있는지 걱정되고, 식탁에 돼지갈비라도 올리는 날이면 괜히 목이 메기도 했는데 모든 게 기우였다.

아이가 여자 친구 사진을 전송해주었을 때, 내가 걱정하는 소리를 하였더니 남편이 그랬다. 걱정이 되기도 하지만 우리들이 지나온 꽃다운 시간을 막 시작한 녀석이 대견하지 않느냐고, 걱정하는 만큼 어리지 않으니 믿어주자는 말로 나를 달랬다.

그러고 보니 우리 부부도 스무 살에 만나 오랜 연애기간을 토닥이며 지나왔다. 돌이켜 생각해보니 잠시였다. 청춘의 어설픈 사랑 놀음이 아니었더라면 새삼 추억할 그 무엇도 없는 그 시절이 아니겠는가. 스무 살의 첫사랑은 누가 뭐래도 0순위였다.

휴대전화나 삐삐가 없던 때에도 청춘은 빛났다. 매번 이런 저런 사정으로 지각하는 연인을 기다리느라 꼼짝없이 버스정류장 옆 공중전화기 앞에서 서성이던 그 사람. 뒤늦게 만난 내가 말다툼 한 번에 삐쳐서 커피숍을 휙 나와 버린다. 막상 뛰쳐나왔지만 그 골목을 다 빠져나오기도 전에 후회를 한다. 돌아설까 말까 망설이는 30분의 시간 속에서 시내 한복판에서 우리는 엇갈린다. 다시 그 사람을 만나기 위해 칠월칠석날 직녀가 된다. 그 사람도 그런 나를 알기에 기꺼이 견우가 된다. 지금처럼 휴대전화가 있었다면 무엇이 어려웠을까. 도심 골목골목을 헤매며 절절함의 주파수를 돌리고 맞추다 서로의 '0순위' 앞에 '짜안' 나타나는 텔레파시 초능력이 살아나던 시절이었다.

아침 밥상 앞에서 기어이 티를 내고 말았다. 사생활이 적힌 편지를 봤다고 인상이 굳어진 아들에게, 엄마로서 서운함도 없진 않지만 스무 살의 눈부신 청춘에 찾아온 첫사랑은 누가 뭐래도 0순위라고 공감해주었다.

한 번쯤은 0순위가 된다. 또 어느 때는 0순위를 받들기도 한다. 나름 길거나 아주 짧은 순간이기도 하겠지만 참으로 눈부신 시절이요, 애틋한 순간일 것이다.

밥상을 치우는데 남편이 그랬다.

"흐음, 당신도 한때는 나의 0순위였느니라."

전화를 설명하다

촘촘히 지나온 시간에 대해 내가 내게 줄 수 있는 시간을 주저하고 망설이다 관리팀에 휴직 신청서를 냈다. 수식어가 몇 개나 되는 긴 문장 속에 찍은 반점은 휴지休止를 주어 글 뜻을 명확히 해준다. 내 생활에도 그런 반점이 필요했다. 작년까지만 해도 쓸 수 없었던 육아휴직이었는데 올해 초 법령이 개정되면서 늦둥이인 둘째가 대상자가 되었다.

라디오를 켜고 커피를 마신다.

작년 초, 사십 대 중반에 신입사원이 되었다. 혁신도시 내로 이주한 정부기관의 고객상담센터 전화상담원 모집에 지역일간지 사회면을 장식했던 '고시경쟁률'을 뚫고 합격했다. 교육과 수습기간 3개월을 마치고 83명의 동기들과 더불어 빨간 장미 한 송이와 함께 사원증을 받았다.

내 책상 앞에 그 장미도 빛바랜 모습으로 비스듬히 꽂혀 있다. 되돌아보니 1년 6개월이란 시간은 잠시였다. 그러나 하루하루 분초를 다투며 상담전화를 받는 그 틈새는 알려주어야 할 말도 많았고 들어주어야 할 말은 더 많았다.

'전화'를 통해 겪는 상담센터 감정노동자인 나와 동료 이야기, 전화기 너머에서 새어 나오는 실직자의 한숨 소리, 해고된 근로자들의 울분 섞인 목소리, 임금체불을 호소하는 아르바이트생들의 하소연…. 꺼멓고 뭉툭한 상담용 전화기를 통해 주고받은 사실들을 지극히 일부만이라도 드러내 보인다.

#1. 그 너머

"실업급여 좀 타묵을라 하는데요."

나지막한 소리였다. 그러곤 혹시라도 내가 안 된다고 할까 봐 그러는 듯 실직하고 일자리를 알아봐도 없어서 할 수 없이 '처음으로 실업급여를 타 묵을라' 한다며 말꼬리를 내렸다. 절차를 알려주면 되는구나 싶어서 메모를 할 수 있는지 물었더니 남자는 다급하게 누군가에게 볼펜을 갖고 오라 한다. 뒤이어 엄마를 부르는 여자아이 목소리가 들려왔다. 그 순간, 전화선 너머의 이 남자가 딸과 아내를 거느린 한 집안의 가장이라는 것을 알게 되었다. 조금 뒤 "여기요." 소리가 전화선을 타고 들어온다. 남편의 처진 어깨를 지켜볼 여자의 조심스런 모습이 보일 듯하다. 알려주는 실업급여제도가 취지대로 이 가족에게 짧게 잘 쓰이길 빌며 또박또박 힘주어 설명하였다.

#2. 박카스 한 '비이'

점심시간이 지나자 밀려드는 전화 때문에 입이 말랐다. 물 한 모금을 입에 대고 다시 '대기' 창을 누름과 동시에 벨이 울렸다. 내 인사가 끝나기도 전에

"추운데 고생 많으십더. 사천에 사는 석○○입니더. 하나 물어보입시더. 십 년 넘게 아파트 경비원을 하고 있는데 올해부터 65세 넘어도 고용보험료를 낸다캐서요…."

올해 초부터 65세 이전에 입사를 해서 계속 고용되어 있으면 피보험자 적용을 받게 되는 것 때문에 어르신들이 자주 문의하는 사항이었다. 이 경우에 개인정보를 입력해서 확인할 수 있다 했더니 오히려 어르신께서 점심은 먹었냐며 번거롭게 해서 미안하다고 하셨다. 건조한 정보를 알려주는 전화에 사람과 사람 사이의 정이 흐르는 순간이었다. 힘이 났다. 나도 정감 나는 목소리로 안내를 마치고 끝인사를 하니,

"다음에 박카스 한 '비이'라도 사드리지요."

'박카스 한 비이' 소리에 나도 모르게 웃음이 났다. 그 약속의 실현가능성을 따질 필요가 없었다.

'어르신, 이미 주셔서 잘 마셨어요.'

#3. 으음, 그렇구나

익숙한 말이다. 권고사직. 일반적인 경우 실업급여 수급사유일 수 있는 권고사직이란 말 뒤에는 가지각색의 구체적인 사유가 있다. 경영상의 이유로 감원을 하게 되어 사직을 권고한다는 이유가 주류를 이루지만 간혹 가다가 근로자의 귀책사유로 권고를 받는 경우도 있다. 이럴 땐 저절로 신중해진다. 최종적으로 수급자격이 안 될 수도 있기 때문이다.

여느 때와 같이 첫인사를 시작하며 통화를 하게 되었다. 대뜸 언제 입금이 되느냐는 젊은 남자목소리가 들려왔다. 실업인정을 받고 급여 지급을 묻는 줄 알았다.

"예 선생님, 실업급여 말씀이신가요?"

약간 커진 소리로 아니라고 했다.

"그러면 상담하시고자 하는 내용은 어떤 것이지요? 직업훈련을 받으셨어요?"

왜 입금은 안 하고 딴소리를 하느냐며 도리어 나더러 빨리 못 알아듣는다고 앞뒤 없이 나를 다그쳤다. 당황스러웠고 민원이 될 수도 있어서 죄송하다는 말을 접두사처럼 붙여가며 질문을 한 후에야 퇴사한 회사에서 실업급여 관련서류가 처리되었는지에 대한 상담임을 알 수 있었다. 모니터를 통해 절차를 진행하는 동안에도 몇 차례나 어긋나서 진땀이 났다. 나랑 참 소통이 안 되는 사람이구나 싶었다. 전산에서는 퇴사처리가 완료되어 있었다. 마지막에 이직확인서를 더블클릭하는 순간 구체적인 사유가 눈에 확 들어왔다.

– 말귀를 못 알아들음

여덟 글자를 읽는 동안 절로 나올 뻔한 탄성 '으음, 그렇구나.' 다음 전화를 받기 전까지 그 남자에 대한 연민이 생겼다.

#4. 아하! PC방

직업훈련 관련 상담을 하게 되었다. 자신을 서른세 살 취업준비생이라고 소개하는 그에게 실업자 훈련과정을 탐색해보라며 관련 사이트를 안내하였다. 무척 진지한 목소리로 되물으며 메모를 하는 그에게 신분증을 들고 거주지 관할 센터를 방문하라고 덧붙였더니 갑자기 생각난 듯 자기 집에 컴퓨터가 없는데 어떻게 검색해야 하냐며 걱정을 늘어놓았다. 으음, 컴퓨터가 없을 때에 대한 상담 지침은 없었다. 얼른 마무리를 하려고 그러면 고용센터 가서 확인하라고 했더니 내키지 않는지 대답이 없었다. 알아서 그만 끊기를 기다리는 시간이 계속 흘렀다. 5분이 넘는 상담소요시간을 알리는 타이머를 보는 순간, 내 머리에도 불이 들어왔다. 집 근처에 PC방이 있는지 물었다.

"아하! PC방, PC방…."

그 취업준비생은 나의 마무리 인사도 듣지 않고 전화를 끊었다.

얼떨결에 떠오른 pc방이 그에게 진리를 깨우치게라도 한 것 같이 끝나버렸다.

#5. 만만찮은 사이

상대편이 짜증을 낸다. 시간이 없다며 재촉한다. 이럴 땐 당황스럽고 허둥대게 된다. 전산 열리는 속도도 더디고 혹시나 민원인에게 책잡힐 일이 생길까 봐 조심스럽다 못해 주눅이 든다.

목소리로는 나이가 지긋한 중년의 신사인데 무슨 다급한 일이 있는지 다짜고짜로 자신의 의도대로 답변을 원해서 내가 탐색질문을 할라치면 "그건 됐고…."라며 말을 자른다. 그러면서도 상담사의 판단을 요구하는 빠른 답변만을 원하는 것이었다.

"선생님, 저희 콜센터는 법에 의한 지침을 알려드릴 뿐 개별적인 판단 사항은 직접 지역 센터를 방문하셔야 합니다."라고 답을 했더니 그러면 거기 뭐 하러 앉아 있느냐는 말로 비난을 시작했다. 여기는 전화상담센터라는 것을 몇 차례 강조하면서 저편의 불만을 고스란히 들어야 했다. '이다.' 하면 친절하고 고마운 상담사가 되지만 '그건 아니다.'라고 하는 순간 "이거 모르시죠?" 하며 결국 다른 '유능한' 상담사를 바꿔 달란다. 복잡한 심경으로 다른 지역 콜센터로 연결해주며 욕설까지 듣지 않았으니 나름 선전했다고 애써 나를 달랬다.

그 무렵, 집에서 사용하는 정수기 교체 때문에 해당 콜센터 상담원과 통화를 하게 되었다. 전화를 받는 품새가 신입 상담사인 것 같았다. 내가 문제를 제기하자 잔뜩 긴장한 목소리로 같은 말을 반복했다. 연결이 안 돼서 오래 기다린 데다 일처리가 빠르지 않아 짜증이 먼저 났다. 그래서 다른 상담사를 바꾸라고 말하려는데 "정말 죄송합니다만 고객니임…." 목멘 소리를 듣게 되었을 때 퍼뜩 정신을 차렸다. 그 상담사가 또 다른 '나'였기 때문이었다.

나는 동전의 양면같이 상담사가 되기도 하고 내담자 입장이 되기도 하는 만만찮은 사이에 낀 처지였다. 그때부터 필요 이상으로 공손한 목소리로 말하고 있었다.

#6. 앞 혹은 뒤

출산전후 휴가급여에 관한 상담을 하겠노라 하는 시어머니였다. 며느리가 곧 출산을 앞두고 있어 알아보려고 한단다. 아들이 고등학교 졸업 후 놀고 있어 청년취업에 대해 알아보려고 전화한 저 아버지, 회사 상사로부터 괴롭힘을 당해서 결국 회사를 그만둘 수밖에 없었는데 이런 경우 실업급여를 당연히 받아야 하지 않으냐며 항변을 하는 이 엄마. 최근에 퇴사한 아들이 실업급여를 탈 수 있는지 주민등록번호를 직접 입력하겠다고 끝까지 우기는 그 엄마.

앞에 썩 나서는 부모와 그 뒤에 숨은 자녀들의 모습이 그려지는 상담을 할 때면 답답할 때가 많다. 부모가 언제까지나 부모 자리를 지켜줄 수 있는 것도 아닌데 일을 진행하기 위해선 본인이 개인정보를 입력하는 절차가 필요하거나 센터를 직접 방문해야 하므로 결국 뒤에 앉은 그 어른아이를 전화기 앞에 불러내는 일을 해야 한다.

전화를 내려놓으면서, 내 등 뒤에서 아직도 엄마의 처분을 기다리는 큰애를 생각한다. 아니, 애들 일이라면 앞장부터 서는 내 모습이 보여 고개를 절레절레 흔든다.

#7. 전국을 돌다

전국에서 걸려오는 전화 속에서 몇 분 만에 대전도 가고 경기도 화성에도 들렀다가 금세 제주도까지 다녀온다. 실제로는 가보지 못한 곳도 고용센터를 소개하는 지도 클릭 한번으로 그 도시를 한 바퀴 돌고 온다.

퇴근하면서 오늘 상담을 한 지역을 손꼽아볼 때면 전국을 한 바퀴 돌고 온 기분이다. 저녁을 먹으면서 식구들에게 전국을 돌고 오니 무척 피곤하다며 너스레를 떨었다.

나랑 이름 석 자가 똑같은 그녀를 만나게 된 날도 있었다. 첫인사 멘트에서 내 이름을 듣고서 깍듯한 서울 말소리로 자기랑 이름이 같다며 호호 웃었다. 워낙 흔한 이름이라 그렇다며 서로 맞장구를 치느라 정작 상담하고자 했던 내용은 무엇이었는지 기억에 남지 않는다. 뜨르르르, 울리는 전화로 순식간에 전국을 돌면서 나와 참 다른 사람 또는 나와 닮은 사람들을 만나고 있다.

#8. 알바생

자신을 '알바생'이라고 소개하며 임금을 못 받았다, 해고가 되었다, 최저임금도 못 받고 일했다는 퉁퉁 불은 목소리를 듣는 경우가 허다하다. 아르바이트를 통해 생활에 필요한 용돈을 벌거나 온전한 직장을 잡지 못한 취약계층의 어려움을 접하는 순간이다. 그래도 고객상담센터를 알고 문의라도 하는 경우는 나은 편이다. 더 많은 알바생들은 편의점에서 밤새 일한 대가도 제대로 받지 못하고 약은 사장에게 욕설을 듣거나 억울하게 잘리고도 혼자 끙끙대는 경우가 많다.

이들은 그들만의 해고, 임금체불, 최저임금 위반이 억울해 죽겠다는 사람들이다. 얼른 노동법 상담 부서가 있으므로 전환해주겠다고 해도 그 알바생은 씩씩대며 제 말 좀 들어달란다. 잠시나마 그저 들어줄 수밖에 없는 상황이 된다. 그 알바생은 내 조카이기도 하며 기성세대가 되기 전 젊은 날의 우리 모습이기도 해서 마음이 쉽게 동요된다. 맞장구를 치려다 정신을 가다듬고 정확한 상담 받고 좋은 결과 있으시길 바란다며 전환 버튼을 눌러 해당 부서로 넘긴다.

'알바생' 그들만의 리그에도 하한선으로 그어 놓은 법들이 온전히 지켜지길.

3시 45분이다. 휴게실에서 시끌벅적 수다를 떨고 있을 회사 동료들을 떠올린다. 조금 전까지 상담한 내용을 재차 확인하거나 엉뚱한 상담으로 속상했던 기분을 풀어버리기 위해 싸온 간식을 나누어 먹는 모습이 눈앞에 그려진다.

오늘은 그녀들이 제때 맞춰 쉬러 왔는지 궁금하다. 간혹 쉬는 시간이 한참이 지났는데도 휴게실로 오지 못하는 때도 있다. 휴게시간 직전에 받은 전화가 길어졌거나 어쩌지도 못하는 항의 때문에 쩔쩔 매고 있는 경우도 적지 않다. 그런 시간은 모두 안절부절못하다가 하나둘씩 자리로 돌아가 머리에 끼는 헤드셋으로 마음까지 조인다.

복직이 다가오고 있다. 휴직을 시작할 땐, 마구잡이로 가져온 자료를 차근차근 파일로 정리해야지 마음먹었는데 아직도 처음 놓아둔 그대로다. 발등에 불이 떨어지길 기다리는 내 습성 탓이다. 그래도 슬슬 다시 전화기 앞에 앉을 준비를 해야 한다. 검고 뭉툭한 상담용 전화기는 다시 그들의 이야기를 전할 것이고 나는 연필을 잡고 메모장을 펼칠 것이다. 벌써부터 떨린다. 헛기침을 하며 목소리를 가다듬는다.

집에 가자

내가 이제 집에 가야겠다고 외할머니 손을 잡고 인사말을 했을 때였다. 외할머니는 뭔가 갑자기 생각난 듯이 "그래, 어서 불 끄고 집에 가자." 하셨다.

"쯧, 할매가 집에 많이 가고 싶은가 보네." 같은 병실을 쓰는 옆쪽 할머니가 혀를 찼다. 뭐라 말할 수 없이 난감했다. 발치에 있던 엄마도 그 말을 분명 들었을 텐데 잠자코 있다.

외할머니가 요양병원에 들어온 지 여섯 달이 지났다. 입원 초기에 작은언니랑 왔을 때만 해도 할머니는 다리만 불편하다고 했다. 우리더러 아이들 키우고 살림하기에도 바쁜 시간에 나다닌다고 지청구를 놓았다. 그땐 할머니의 병세가 그리 나쁘지도 않고 표정도 좋아 안심이 되었다. 돌아올 때 "고맙다, 이제 오지 마라." 하셨던 할머니의 건강은 반년 동안 몰라보게 나빠졌다. 찾아오는 이가 시나브로 줄어들고 폐쇄된 병원 생활이 할머니를 지치게 했는지, 이젠 종종 헛소리를 하기에 이르렀다.

아침에 친정에 잠시 들렀을 때 엄마가 외할머니 병문안을 간다기에 동행을 했다. 엄마가 차 안에서 "이제 그만 가셔야 될 낀데…." 했다. 그 말을 듣고서도 이런 사태가 난 줄은 짐작 못했다. 기저귀를 갈아주기 위해 들른 덩치 큰 요양보호사가 할머니가 요즘 부쩍 힘들어한다며 한마디 했다. 그런데 할머니는 그 말을 듣자마자 큰소리로 듣기 민망한 욕을 하기 시작했다. 분노에 가까운 할머니의 욕설은 어린 시절 외갓집에 갔을 때 외할아버지나 이모들에게 퍼붓던 그대로였다. '역마살이 낀' 외할아버지가 집으로 들어오는 날이거나 몰래 '연애질이나 하고 다니는' 막내이모를 향해 내뱉던 쇳소리였다. 요양보호사는 이미 귀에 익은 듯 못들은 척하고 나가 버렸다.

내가 중학교에 들어갔을 즈음 외할아버지가 돌아가시자 할머니는 조그만 암자에 들어갔다. 그 암자에서 십여 년을 보살로 지내셨다. 외할머니는 설 명절에나 잠시 집으로 올 뿐 가족들과도 가까이 지내지 않았다. 가끔 암자를 다녀온 엄마는 "니 할머니 이제 스님이 다 됐더라."라고 말할 정도였다.

내가 결혼을 한 뒤 외할머니께서 대학병원에서 급성맹장염 수술을 한 적이 있었다. 그때 외할머니는 목에 기다란 염주를 걸고 부처 같은 온화한 미소를 띠고 있었다. 할머니는 새댁이 된 외손녀에게 "뭐든 좋게 생각하고 살면 된다." 하셨다. 더 이상 할머니 입에서 거친 욕을 듣는 일은 없을 것 같았다.

외할머니 수술 후 큰외삼촌이 합가하여 함께 지냈다. 예전처럼 집 근처 밭에다 여러 채소를 가꾸는 등 억척스럽게 일에 매달렸다. 연세보다 훨씬 정정하다셨는데 그만 노인성관절염이 심해졌고 집 안에서조차 거동이 불편해 결국은 집 근처 요양병원에 입원하는 수순을 밟게 되었다. 한두 달 입원하면 곧 퇴원할 거라 예상했지만 며느리인 외숙모의 교통사고로 일이 복잡하게 되어버렸다.

"집에 가자. 빨리. 여기 와 있노?"

다시 한 번 외할머니는 또렷한 어조로 내 손을 붙잡고 늘어졌다. 야윈 뼈마디에서 힘이 느껴졌다. 나는 외할머니의 아주 가느다란 눈을 외면한 채 가까스로 손을 뺐다.

몇 분 뒤, 나만 병원을 빠져나왔다. 차를 타고 오는 길 내내 마음이 뒤숭숭했다. 외할머니께서 가고자 하는 집은 어디일까. 외할아버지의 사랑채가 아직 그대로인, 뒷마당 담 옆에서 해마다 엄지손가락만 한 무화과가 열리는, 차로 5분도 걸리지 않는 신천교 건너편 나의 외갓집인 그곳을 말하는 것인가. 아니면, 아흔넷의 외할머니가 마지막으로 돌아가야 할 저승집일까.

지금 외할머니가 누워있는 요양병원 근처는 삼십여 년 전만 해도 외갓집 밭이 있던 곳이다. 여름방학 때 외할머니를 따라 밭에 가던 일이 생각난다. 한창 농번기인 시절 자고 나면 돋아나는 잡초를 뽑느라 여름내 밭고랑에 엎드렸던 할머니…. 이제 육신은 물론 당신 마음조차도 주체하지 못하고 병원 침대에 붙잡혀 있다니. 지금 할머니는 돌아갈 집을 잃고 나는 외가에서 누린 아름다운 기억을 지우게 되었다.

집도 생명이 있다고 한다. 사람은 태어나고 자라면서 절정인 삶을 살다가 집 주인이 노쇠하거나 떠나면 집도 외로워지게 된다. 현관 앞에 아이들의 신발이 흩어져 있을 때가 가장 바쁘고 절정인 삶을 사는 시간일 것이다. 처음부터 외로운 집은 없다. 가족이 하나씩 떠나고 가족의 고리가 헐거워지면서 집은 스러져가는 것이다. 가족이란 힘들 때 서로 손 잡아줄 시기를 놓치지 않아야 한다. 그래야 집은 삶의 무게를 지니며 이어져갈 것이다.

'집에 가자.'는 할머니의 바람은 이뤄질 수 있을까.

노을 속 할머니

여름이 시작될 때, 예순의 엄마와 구순의 할머니가 거짓말처럼 이틀 간격으로 병원에 입원을 했다. 엄마는 시골 동네 앞 버스정류장에서 멀리 보이는 버스에 정신을 두고 있다가 때마침 후진하던 승용차에 부딪혔다고 했다. 엄마는 선하게 생긴 운전자의 '죄송하다'는 말에 명함 한 장 받고는 병원 대신 집으로 오고 말았다. 도심의 집과 시골의 밭을 오가며 푸성귀 농사를 짓던 엄마는 결리는 허리보다 다음날 예정된 서울 친척집의 결혼식을 염려했던 모양이다. 아픈 몸을 내색하지 않은 채 결혼식장을 다녀 온 엄마는 사고가 난 지 사흘 만에 병원에 입원하게 되었다.

다음날 아침 병원 가는 길에 엄마 병수발에 필요한 물건을 챙기려고 친정에 들렀을 때 할머니 낯빛이 창백해 보였다. 할머니는 체한 듯 등 쪽이 당기고 가슴이 답답하다며 힘없이 자리에 누우셨다. 구순 연세에도 여태 정정하셨던 할머니 입에서 가느다랗게 나오는 '아프다.'는 말을 그냥 흘려들었다. 병원에 누워 있을 엄마를 생각하며 두어 번 등과 어깨를 주무르고 나비침으로 손끝을 따드린 후 서둘러 병원으로 향했다.

엄마는 곤히 잠을 자고 있었다. 가슴께로 올린 엄마의 새까만 손을 보니 마음이 찡했다. 이제 일 안 하고 편히 지내실 때가 되지 않았느냐고 다섯 자식들이 여러 번 말려도 엄마는 여전히 밭일에 열중하신다. 시골 마을에서 도심으로 집을 지어 나온 지도 10년이 훨씬 넘었다. 그러나 엄마는 시골 동네의 노는 땅을 용케 찾아내어 밭을 일구고 씨를 뿌리는 일을 멈추지 않았다. 할머니가 계신 집안일보다는 밭일이 더 편해서일까.

평온해 보이는 엄마의 모습을 보니 할머니의 안색이 좋지 않더라는 말을 하지 않는 게 나을 것 같았다. 병원 구급차 소리가 설핏 들렸을 때 친정집에 누워 있을 할머니 생각이 났다. 슬그머니 병실 밖으로 나와 전화를 했다. 그런데 신호가 여러 차례 울려도 전화를 받지 않으셨다. 예감이 좋지 않았다.

엄마에게 볼일이 있다며 핑계대고 급하게 나왔다. 친정집 현관문을 밀고 들어섰을 때, 건너편 방에 누워 계시는 할머니의 얼굴에는 고통스러움이 역력했다. 할머니는 손녀를 보고 거의 기다시피해서 방 밖으로 나오려 하셨다. 당황한 나는 병원에서 간호사 일을 했던 큰언니에게 전화로 물어본 뒤 할머니를 집 근처 종합병원으로 모셨다.

할머니의 위중한 병환 소식이 전화선을 타고 돌면서 할머니의 임종을 맞으러 오라는 얘기로 틀어진 모양이었다. 외출을 하셨던 아버지와 숙부, 숙모들이 달려오셨다. 의사들의 급박한 움직임 속에서 신속하게 처치가 이루어졌다. 할머니는 급성심근경색이라고 했다. 담당의사는 할머니가 비록 고령이시지만 그동안의 건강상태가 양호하고 환자가 의연해서 시술이 잘되었다고 했다. 의술의 혜택으로 할머니의 상황은 새 생명을 얻는 것으로 급반전되었다. 나도 모르게 안도의 숨이 쉬어졌다. 그제야 곁에 선 식구들을 둘러보게 되었다. 그런데 의사의 말을 듣는 아버지 얼굴이 덤덤하였다. 그건 숙부나 숙모들도 닮아 보였다.

기력을 되찾은 할머니는 병원생활을 무리 없이 잘하셨고 일주일 만에 퇴원할 수 있었다. 그제야 계속 입원 중인 엄마에게 전하지 않았던 할머니 이야기를 풀어 놓았다. 얘기 중에 왜 그런 큰일을 진작 말하지 않았느냐는 엄마의 꾸중이 들리는 듯했다. 그런데 엄마는 의외로 아무 말이 없었다. 그저 앉은 자리의 침대 시트만 쭉쭉 폈다. 굳어진 엄마의 그 무표정이 할머니를 왜 살렸느냐는 반문으로 읽혀졌다. 그때, 덤덤한 아버지의 표정이, 턱이 두 겹 지며 고개를 숙이던 그날의 숙부들의 모습이 겹쳐졌다. 그 짧은 순간, 참으로 많은 생각을 켜켜이 포개어 할 수도 있다는 걸 난 그때 알았다.

할머니가 집으로 돌아오고 나서 때늦은 병문안을 온 어느 친척이 말했었다. 그날 찾아온 심근경색이라는 병이 어쩌면 할머니에게 다가온 '죽음의 복'이었을지 모른다고. 병약한 아버지는 조금만 편찮으셔도 "어매보다 내가 먼저 가면 안 되는데…." 하신다. 구순을 넘긴 할머니가, 이미 일흔을 넘긴 아버지에게는 가벼울 수만은 없는 무게로 느껴지는 걸까.

할머니는 다시 일상으로 돌아왔다. 가끔씩 경로당에 가는 것 말고는 소일거리를 놓지 않으신다. 걸레로 방을 닦고 엄마가 뜯어온 나물거리를 다듬는다. 땀 한두 번 씻은 수건을 빨아 옥상에 널고 걷기를 반복한다. 하얀 빨래를 걷어 안은 할머니가 계단을 내려설 때 서녘으로 노을이 길게 퍼지고 있다. 해 질 녘 누운 열기가 한낮보다 더 뜨겁다. 노을 속 할머니를 올려다보는 구부정한 아버지에게는 잠깐이면 넘어갈 이 시간이 길게 느껴질는지도 모른다.

누가 저를 지켜보는 줄 아는지 모르는지 붉은 노을은 조심스럽게 서산으로 넘어가고 있다.

선물을 기다리며

할머니의 몸이 새털처럼 가볍다. 아흔셋, 사람들은 사실 만큼 사셨다고 하지만 할머니는 모진 생명의 끈을 놓지 못하고 있다.

작년 이맘때, 빨래며 방청소 같은 집안일을 친정엄마 대신 도맡아 하시던 할머니에게 '심근경색'이 찾아왔다. 쓰러진 할머니를 병원에 모신 날 근동의 친척들 모두 마지막 길을 지켜볼 양으로 한걸음에 달려왔다. 하지만 할머니는 심장으로 통하는 혈관을 확장시키는 수술을 잘도 견뎌내셨고, 거짓말처럼 일어나셨다.

이승과 저승의 경계선에서 되살아온 할머니를 보고 누군가가 앞으로 십 년은 거뜬히 더 사실 거라 했다. 하지만 그 바람은 두어 달 만에 깨지고 말았다. 수술 후 기력을 되찾은 듯했던 할머니는 극심한 우울증을 겪으시더니 아예 자리에 눕고 말았다. 그리고 할머니는 지금껏 열 달 가까이 용변을 보기 위해 요강에 앉는 일, 몇 술 되지 않는 음식물을 삼키는 일 말고는 하루 종일 방안에 누워 있게 되었다.

그렇게 할머니가 자리보전을 하면서 일주일에 한 번씩 친정에 들러 할머니를 목욕시키는 일이 시작되었다. 친정엄마가 말렸지만 내가 나섰다. 할머니는 다섯이나 되는 우리 형제들을 많이도 아끼는 분이었다. 한밤중에 열이 오른 나를 등에 업고서 옆 동네 의사를 찾아가던 기억, 내가 어설픈 글쓰기 재주로 상이라도 받아 오면 동네 마실을 다니며 소문을 냈다. 집에 손님이라도 오면 나를 인사시키고 "야가 모냥은 이래도…." 하시며 손녀 자랑을 늘어놓았다.

동네 목욕탕이 없었던 시절, 바쁜 며느리를 대신해 손녀들 목욕시키는 일은 할머니의 몫이었다. 연기 때문에 매캐한 재래식 부엌에서도 할머니는 우리들의 몸을 깨끗이 닦아주셨다. 다 자라서도 할머니와 목욕탕 함께 가는 일은 어렵지 않았다.

대학을 다니고 직장생활을 하느라 할머니와 함께하는 시간이 뜸해지다가 내 결혼식을 앞두고 다시 할머니와 목욕탕을 다니기 시작했다. 그 즈음은 시골마을에서 도심으로 이사를 나와 집에서도 편안하게 씻을 수 있을 때여서 할머니의 성화가 여간 성가신 것이 아니었다. 이런 손녀의 마음을 아는지 모르는지 할머니는 나의 손을 끌고 사흘이 멀다 하고 목욕탕으로 데리고 갔다. 훗날 할머니가 "자주 씻기면 피부가 좀 하얗게 될 줄 알았지."라고 말해 한바탕 웃었다. 시집갈 날을 잡아놓은 손녀의 까만 피부가 마음에 많이 걸리셨던 모양이었다.

힘들어 하시는 할머니를 처음 씻겨 드리던 날 나도 모르게 눈물이 났다. 할머니의 몸은 허깨비 같았다. 저승꽃이라는 검은 반점이 온몸을 덮고 있었다. 수건으로 비누칠을 하자 축 처진 살들이 쓸려 나갔다. 할머니는 손녀에게 몸을 맡긴 것이 부끄러웠는지 자꾸만 몸을 움츠렸다.

그런데 올해 초 내 몸에서 변화가 일어났다. 마흔하나의 나이에 아이가 들어선 것이다. 첫아이를 낳은 후 일을 한다며 무리를 해서인지 몸이 고르지 못했다. 자궁내막염으로 입원 치료를 받기도 했다. 그런 탓인지 더 이상 아이가 생기지 않았다. 시간이 흐르면서 하늘이 주신 자식이 하나뿐이겠거니 생각했었다. 병원에서 확진을 받은 후 '어떻게 할까.' 적잖은 고민을 할 수밖에 없었다. 늦은 임신의 당혹감과 부끄러운 마음보다 태어날 아이의 장래를 생각하지 않을 수 없었다.

입덧을 참아가며 목욕을 시켜드리다가 할머니에게 이야기를 꺼냈다. 그러자 할머니는 "조상님이 느그한테 선물 하나 더 주시는갑다."시며 오랜만에 웃는 얼굴을 보이셨다. 그런 할머니 앞에서 달리 생각할 일이 없어졌다. 할머니의 미소 속에서 선물 상자가 보였다.

지금 할머니는 사람을 제대로 알아보지 못하신다. 귀도 잘 들리지 않아 큰소리로 불러야 고개를 잠시 돌릴 뿐이다. 할머니의 작은 바람대로 다행히 아직 먹는 일과 용변 보는 일은 혼자서 감당하신다. 할머니는 하늘이 선택해 줄 마지막을 조용히 준비하고 있다.

나는 이제 며칠 후면 태어날 새 생명을 기다린다. 탯줄을 끊었을 때 들려오는 아가의 우렁찬 울음소리를, 생명의 소리를 기다린다. 건강한 아기를 할머니에게 안겨 드릴 것이다. 그래서 12년 전 큰아이에게 해주신 "아무쪼록 비나이다. 조상님들이여, 새 손도 똥덩어리처럼 아무데서나 잘 묵고 잘 자라게 해 주십사고 빌고 비나이다." 하는 '할매표 축원'을 아기에게도 해 달래야지.

하늘의 마지막 선택을 기다리는 할머니가 주시는 생명의 선물을 나는 기다리고 있다.

2부
아그리파 그리기

나는 아그리파의 눈을 그리는 데 집중하고 있었다. 먼저 왼쪽 눈을 그렸다. 몇 번을 그렸다가 지우기를 반복하고 나니 조금 만족할 만한 정도가 되었다. 이번에 오른쪽 눈을 그렸다. 좀 더 쉽다고 생각했다. 왼쪽 눈을 그려봤으니 짧은 시간 안에 그려냈다. 팔짱을 끼고 교실을 돌던 선생님이 내 옆에 계신 줄도 몰랐다. 그때 "두 눈이 짝짝이네. 도화지만 내려다보고 그리면 구도도 안 맞고 크기도 각각이 된다." 하시며 지적을 하고 지나가셨다.

능소화 지는 날에

노을 진 창밖을 바라보다가 '할머니가 잘 돌아가셨다.'고 생각했다.

길 건너 집 담장 너머로 또 능소화가 흐드러졌다. 비 내리던 엊그제는 무참하게도 흘러내리던 저 꽃에도 저토록 피어날 꽃망울이 아직 숨어 있었을까.

그날 아침 남편 앞에서 짜증을 내듯 그랬다. 이제는 할아버지가 야속하다고, 먼저 가신 할아버지가 이제 그만 할머니를 데리러 왔으면 좋겠는데 반백년이 다 지나도록 잊은 듯이 오지 않는다고.

전날 소속된 단체에서 가는 문학기행을 다녀오느라 몸이 고단했고, 친정집에 또 가야 한다는 부담 때문에 나도 모르게 나온 소리였다. 그런데 결국 오후 늦게까지도 할머니에게 가지 못하고 전전긍긍하다 급기야 다음날 가야겠다고 미루려던 참이었다.

큰언니로부터 전화가 왔다. 할머니가 방금 돌아가신 것 같다는 난데없는 전언이었다. 언니의 다음 말은 들리지 않고 '할머니가 돌아가셨다, 돌아가셨다.'만 귓바퀴에서 맴돌았다.

아흔넷의 할머니는 재작년 심근경색으로 쓰러지기 전까지 잔병치레 한 번 하지 않을 정도로 건강하신 분이었다. 세월을 이길 장사가 없다는 옛말이 맞구나 싶게 두어 해 사이에 날로 쇠약해지셨다. 지난겨울에는 회복의 기미를 잠깐 보이기도 했는데 날이 풀리고 더위가 찾아오자 더 이상 일어나지 못하셨다.

할머니는 마음대로 움직이지 못하면서도 정신만은 맑으셨다. 그래서인지 할머니 시중이 번거로워 어쩌다 가족들이 성의 없이 할 때면 서러운 기색으로 한동안 말을 잃으셨다. 그럴 때면 할머니가 차라리 정신이라도 놓아버려 마음을 다치지 않았으면 하는 엇갈린 심정이 생기기도 했다.

돌아가시기 이틀 전, 할머니 등허리에 난 종기가 덧나나 싶어 친정집에 들렀다. 현관문을 열고 들어서니 눅눅한 냄새가 밀려 왔다. 초여름으로 접어들자 거실까지 냄새가 나는 듯해서 창문부터 열었다. 반가워하는 할머니를 보듬기보다는 고약한 냄새를 먼저 좇는 내 행동에서 할머니는 저절로 죄인이 된 듯 움츠렸다. "언제 죽겠노, 내가 죽어야…." 되새김질하듯 '죽어야 타령'에 나도 늘 해오던 답을 드렸다. 사는 대로 살다가 죽어야지, 이제는 죽고 싶다고 죽을 수도 없고, 함부로 죽어서도 안 된다고. 언젠가 할머니가 메지를 짓듯 내게 하신 말씀을 녹음한 것처럼 들려 드릴 수밖에 없었다.

할머니는 열여덟에 시집을 와서 마흔넷의 나이에 홀로되셨다. 어린 시절, 할머니가 효도관광이라도 다녀온 날이면 "이제 내 죽는다, 죽을 때가 됐다."며 울던 모습이 떠오른다. 사람들이 아홉수에 많이 죽는다는 얘기를 믿으신 할머니는 아홉수가 되는 해마다 당신이 죽을지도 모른다는 마음에 서러웠던 모양이다. 그런 조바심과는 달리 할머니는 여든아홉까지도 잘 넘기셨다. 일찍 죽을까 봐 땅을 치며 울던 할머니가 이제는 정말 죽기를 소원하고 있는 건 아닌가 하는 생각이 들었다.

그날도 할머니는 여느 때처럼 이른 저녁상을 물렸다고 한다. 집 근처 소공원으로 저녁 운동을 다녀온 아버지가 할머니 방문을 열었을 때 갑자기 할머니는 "숨이 와 이리 막히노." 하시며 가슴을 움켜잡고는 십여 분만에 돌아가셨다고 한다. 마침 가까이에 사는 큰언니와 주말마다 들르는 남동생, 증손자인 큰조카도 임종을 지켰다고 하니 할머니의 마지막 순간도 적막하지 않았다 싶어 위안이 되었다. 생전에 특히 애달아하시던 맏이들이 지켜볼 수 있게 때맞춰 돌아가신 게 아닌가 싶었다.

소식을 듣고 온 문상객 중에는 호상好喪이라며 떠들기도 했지만 아버지의 곡소리는 나지막하면서도 깊었다. 싸늘해진 주검을 잡고 눈물을 쏟아내면서도 생전의 따스했던 할머니의 감촉에 매여 장례식 내내 나는 할머니의 죽음을 현실로 받아들이지 못했다. 그러나 영정 속의 할머니는 더 이상 인연의 부름에 돌아보지 않았다. 아버지의 엄마도, 나의 할머니도 아니었던 자연 상태로 돌아가고 있었다.

지난 토요일, 할머니의 사십구재를 마쳤다. 할머니 방에는 아직 체취가 남아 있다. 옷가지는 비었지만 손때 묻은 여덟 자짜리 장롱, 보리수 열매로 꿴 염주와 오래된 손톱깎이와 낡은 쌈지도 가지런히 놓여 있다. 한쪽 벽에는 갓을 쓴 할아버지의 흑백 사진과 쪽머리에 은비녀를 꽂은 할머니의 사진도 그대로이다. 마음이 아릿한 순간 유품들이 할머니의 목소리로 내게 말을 걸어왔다. 죽는다고 다 사라지는 것은 아닌 것이다. 내가 할머니를 이렇게 그리워할 때면 언제든지 내 앞에 다가오시리라.

날이 뜨겁다. 살아 계신다면 이리 무더운 날에도 자리에 누워만 계셔야 하는 할머니가, 피가 켕기는 자식들을 더 이상 괴롭히지 않아도 된다고 생각하실 할머니가, "나 잘 왔다." 하는 환청이 들린다.

길 건넛집 담장에서 능소화 하나가 온몸을 던지듯이 송이째 떨어졌다. 할머니는 무사히 잘 돌아가셨다. 나는 그렇게 생각하기로 했다.

수건을 개며

아침에 널어 둔 빨래를 걷으려고 옥상에 올랐다. 봄에 흙을 채운 고무통에 심은 하늘수박 넝쿨이 빨랫줄을 타고 잘도 뻗쳤다. 꽃이 수없이 피었으니 잘만 하면 여름이 익을 무렵 콘크리트 옥상에서 하늘수박 몇 개쯤 열릴 것이다.

하늘수박 넝쿨을 피해 빼곡히 널어 둔 수건과 옷가지들이 뽀송하게 잘도 말랐다. 그래서인지 세제가 남긴 향도 싫진 않다.

거실 한쪽에 마른 빨랫감을 내려놓고 물 한 잔을 들이켠다. 엉덩이를 거실바닥에 붙이고 공을 들여야 하는 시간이기에 살짝 뜸을 들이는 거다. 수건 종류를 먼저 집어 들었다. 연한 분홍에 연두색 테두리가 있는 수건을 개다 보니 '2009. 5. 20. 김지은 첫돌 기념'이란 글귀가 눈에 든다.

지은이라, 그래, 고향 동네 친구인 규학이 첫딸이었다. 잘 크고 있겠지. 벌써 네 살은 되었겠다. 집에서 멀지 않은 뷔페식당에서 돌잔치가 열린다는 얘기를 듣고 초등학교 동기 몇몇과 함께 갔었다. 어느새 40대 중반이 되어버린 규학이는 중년의 모습을 숨길 수 없었다. 하지만 하늘거리는 드레스를 곱게 입은 아기를 어르는 모습은 20대 젊은 아버지들보다 더 행복해 보였다.

개구쟁이 규학이는 학교를 마치고 집으로 가기 위해 긴 둑길을 걷는 나를 비롯한 여자애들을 가만두지 못했다. 여치며 방아깨비를 잡아 여자애들 면전에서 날리거나, 혓바닥을 내밀며 무어라 소리치곤 내달렸다. 그러나 덩치가 작았던 규학이는 악착같이 뒤쫓는 여자애들에게 늘 잡히고 말았다. 나는 그 친구를 잡아놓고 '파리똥'이라고 놀렸다. 희멀건 얼굴에 닥닥 붙은 주근깨 때문이었다. 유독 여자애들과 어울리기를 좋아해서 다른 동기 남학생들과는 달리 중학교 진학 후에도 스스럼없이 지냈다.

평소 약주를 과하게 드시던 규학이 아버지는 그 친구가 초등학교 저학년 때 사고로 돌아가셨다. 당시에는 집집마다 형제가 대여섯 명은 되었지만 규학이는 외동이었다. 그래서인지 규학이는 집 밖으로 나와 친구들과 어울려 놀기를 좋아했고 남녀를 가리지 않고 어울리려 애썼다.

규학이는 내가 고향 동네를 떠나 시내로 이사하면서 기억 속에서 멀어져 갔다. 우리가 다시 만나게 된 것은 2002년 월드컵이 있던 해에 열렸던 초등학교 동기회 때였다. 다들 삼십 대 후반에 접어든 그렇고 그런 아저씨, 아주머니 모습으로 마주하니 머쓱하기도 하고 어색했지만 반가웠다. 얘기를 나누다보니 규학이는 아직 미혼이었고, 어머니와 고향집에서 살고 있다고 했다. 그날 좋은 짝을 찾게 되면 결혼식에 갈 테니 꼭 연락하라며 헤어졌다.

몇 년 후 동창모임에서 규학이가 중국교포와 결혼을 했고 잘 살고 있다는 얘기를 듣게 되었다. 그러나 다문화가정이 오래가지 못하고 깨지는 경우가 많아 혹시나 하는 생각이 문득문득 들기도 했었다. 간혹 고향에 다니러 갔다 온 친정엄마에게 일부러 규학이네 소식을 묻기도 했다. 그럴 때면 아들 하나 보고 청상과부로 살아온 규학이 엄마를 들먹이며 규학이 처가 요새 보기 드문 효도를 다하고 있다고 칭찬했다. '아, 결론은 잘 살고 있구나.' 싶어 나도 모르게 한시름 놓였다.

그러곤 얼마 후 첫딸을 낳았다는 소식을 들었고, 동네 친구들이 너나없이 돌잔치에 달려가 마치 형제처럼 기쁘게 축하해 주고 기념수건을 받아왔다.

수건을 다 개서 욕실 선반에 올리다 보니 한 칸에는 아직 한 번도 쓰지 않은 수건들이 차곡차곡 쌓여 있다. 대부분 일 년에 몇 차례 열리는 문학행사에 참가했다가 받아온 것들이다. 여기에는 친정아버지의 칠순잔치 기념수건도 있다. 남동생과 사위들에게 차례로 업혀 할 일을 다 하신 듯 흐뭇해하시던 생전의 모습이 수건에 어린다. 시아버님 장례식 때 수건도 있다. 초겨울 선산에서 열린 영결식에 오신 분들을 위해 마련했던 것이다. 아마 이 수건들을 당장은 꺼내 쓰는 일은 없을 것이다. 세월이 더 흐른 뒤 그리운 사람들이 몹시 생각나는 날이 있으리라.

수건을 개며, 잊고 살던 지인들에게 요새도 안녕한가를 넌지시 물어본다.

보도연맹 가족을 찾습니다

이제 마흔 살에 다다른 나는 한국전쟁을 잘 모른다.

내가 알고 있는 6·25 전쟁은 제도권 교육의 테두리에서 배운 지식이나 〈태극기 휘날리며〉같은 영화에서 본 것들이 전부다. 하지만 이념교육도, 영화도, 전쟁을 겪어 보지 않은 내 삶에 큰 영향을 주지 않았다. 나는 전쟁을 잘 모른다는 말이 적절할 것이다. 그러나 당사자들의 아픔은 여전히 남아 있다. 그것도 내 주변에서 계속되고 있다는 사실에 새삼 소름이 돋는다.

음력 칠월칠석일은 할아버지의 첫째 부인이었던 큰할머니의 기일이다. 병으로 일찍 세상을 뜬 큰할머니의 유일한 소생인 큰고모를 만나는 날이기도 하다.

여섯 살에 친모를 잃고 계모의 손에서 배다른 형제들과 자란 큰고모는 열일곱 나이에 서씨 성을 가진 총각과 결혼을 했다고 한다. 시집은 동구 남목을 지나 봉대산 자락의 '쇠평'이라는 마을이었다. 고모부는 호남형 얼굴에다 성격도 다정다감했다. 들꽃을 꺾어와 고모에게 내밀기도 했고, 어느 해 겨울에는 어린 처제들 손 시리다고 뜨개실로 장갑을 짜줄 정도였다고 한다. 그때까지 고모한테 비친 세상은 온통 분홍빛이었을 것이다.

그러나 고모의 이런 행복을 각다귀 같은 그 시절이 가만두지 않았다. 해방이 된 후 고모부는 일곱 가구가 전부이던 산골마을에서 유일하게 글을 읽고 쓸 줄 안다는 이유로 마음에도 없는 동네반장이 되었다. 당시 '빨갱이'라 불리던 좌익 사상범들이 산속에 거처하면서 밤이면 마을로 내려와 먹을 것을 얻어갔다고 한다. 자연히 동네 반장이었던 고모부 집이 주요 표적이 되었다.

고모부는 한 동네 살면서 몇 마디 건네면 누구네 아재요, 조카뻘 되는 이들을 돕는 것이 그렇게 탈 날 일인지 몰랐다. 그런 고모부에게 동네 지서에서는 국민보도연맹에 가입토록 종용했다.

국민보도연맹은 해방 후 이승만 정권이 정권유지를 위해 고안해낸 좌익 포섭단체였다. '보호하여 지도한다.'는 뜻의 이 단체는 개선의 여지가 있는 좌익세력에게 전향의 기회를 주겠다고 만든 것이었다. 1949년 시작된 이 단체는 1년 만에 전국적으로 33만 5천 명이 넘는 거대 조직이 되었다. 그러나 이듬해 터진 전쟁은 그들을 깡그리 죽음으로 내몰고 말았다. 전쟁 초기 인민군의 점령지로 바뀐 남쪽은 그야말로 피아彼我가 구분이 되지 않는 상황이 되었다. 당시 이승만 정권은 언제 적이 될지 모른다며 보도연맹원들을 처참하게 살육한 것이다.

어둠을 타고 다가온 숙명을 고모부는 끝내 피할 수가 없었던 것일까. 전쟁이 나기 전부터 고모부는 좌익으로 지목돼 처가동네와 산막을 오가며 도피생활을 해 왔다. 그러나 본의 아니게 좌익 활동을 한 경우 면죄부를 준다는 순경의 말을 믿고 전쟁이 나기 직전에 자수를 했다고 한다. 그 길로 고모부는 방어진에 있던 구치소로 수감되었다. 눈물로 매달리던 큰고모에게는 세 살배기 아들과 뱃속엔 칠 개월 된 아이가 있었다.

일방적으로 밀리던 전장이 낙동강을 사이에 두고 팽팽해지던 그해 여름, 삼복더위도 잊은 고모는 만삭의 몸으로 찹쌀밥을 고봉으로 지어 이고 고모부를 만나러 갔다고 한다. 그러나 해가 저물도록 기다려도 면회를 하지 못하고 돌아올 수밖에 없었다. 그날 밤 산고 끝에 고종사촌인 글자 언니가 태어났다. 왜 하필 언니 이름이 '글자'였는지 고모가 얘기한 적은 없다. 하지만 글자를 알아 운명을 달리하게 된 지아비를 잊지 않겠다는 큰고모의 뜻은 아니었을까.

고모부는 결국 그해 가을, 대운산 어느 골짜기에서 학살을 당했다. 스물셋에 과부가 된 고모는 어린 자식 둘과 전쟁의 굴곡을 넘어야 했고, 그 후 '빨갱이 가족'이라는 편견을 견디며 살아야 했다.

지금 시가지 곳곳에 '보도연맹 희생자 가족을 찾습니다'라는 현수막이 내걸려 있다. 울산지역 피해자 가족 13명이 국가인권위원회에 진정한 것이 받아들여져 진상조사가 이뤄진다고 했다. 울산지역 보도연맹 피해자는 대략 3천여 명이라고 한다. 그들 대부분이 아무 영문도 모른 채 온양읍 대운산, 웅촌면 오복고개, 상북면 지내리와 청량면 율반, 정곡, 동구 방어진 꽃바위, 북구 호계동 등지에서 처참한 최후를 맞았다. 눈으로 또렷이 읽은 글자와는 달리 내 마음에서는 '아직도 숨어 우는 가족을 찾습니다.'로 읽혀 왔다.

친정에 다니러 온 큰고모에게 혹시나 하며 피해자 가족을 찾는다는 말을 전했다. 그런데 고모는 "지금 와서 그게 다 무슨 소용 있노."라며 힘없는 부채질로 한숨을 날리셨다. 어느 친척은 어려운 시절이 아까운 사람 잡아갔다고 탄식을 쏟아내지만 큰고모는 아무 말도 하지 않았다. 하지만 큰고모의 작은 가슴 속에 일고 있는 떨림을 내가 어찌 알 수 있을까.

큰고모의 삶을 송두리째 앗아간 보도연맹 사건은 반세기 세월이 지났지만 여태 드러내놓지 못한 우리 역사의 아픔이다. 무엇보다 아직까지 그 아픔을 감내하며 살아가고 있는 희생자 가족들에게는 현재진행형의 사건이다. 정부의 진상조사가 제대로 이뤄져 억울하게 죽어간 그들의 영혼을 달래주길 바란다. 피해자 가족들이 요구하고 있는 희생자들의 명예회복과 위령탑 건립이 이뤄져 피해가족들의 상처를 보듬을 수 있는 대책이 서둘러 마련되었으면 한다.

봄날

십여 년 만에 친구에게서 전화가 왔다. 잊고 있었던 친구를 기억 속에서 헤집어내느라 애쓰다가 그 애가 민주임을 알아냈다. 반가운 마음에 금방이라도 쫓아가겠다는 듯이 어디냐고, 당장 만나자고 했다. 그러나 민주는 선약이 있다며 주말에나 만났으면 했다. 나는 서운함이 잔뜩 묻은 목소리로 양보할 수밖에 없었다. 장소를 정하자 할 때 예전처럼 동헌에서 만나는 것이 어떻겠냐고 했더니, 친구도 그게 좋겠다며 맞장구를 쳐주었다.

대학 4학년, 이제 곧 세상에 나서야 한다는 것만 명확할 뿐 내 주위의 모든 것이 불확실한 시절이었다. 친구들은 새벽잠을 설쳐가며 학교 도서관에서 거의 살다시피 했지만, 난 학교 도서관이 왠지 버거웠다. 도서관을 가득 채운 불확실한 열기들, 알 수 없는 긴장감을 감당하기 힘들었다. 그러던 중 시립도서관을 알게 되었다. 집에서 가까워 자리 잡기가 그대로 수월했고 무엇보다 대학도서관의 긴장감에서 벗어나 약간은 편안하게 공부할 수 있어 좋았다.

그해 여름방학 때였다. 좁은 매점에서 가락국수로 허기를 채우고 도서관 뜰로 나왔을 때 동헌 벤치에 앉아 사색에 잠긴 그녀를 담 너머로 보게 보았다. 통통한 얼굴에 단발이 잘 어울렸던 그녀는 나와 같은 처지의 대학 졸업반이었다. 얼마간 도서관을 오가며 얼굴을 익힌 탓에 말을 트는 것은 어렵지 않았다. 그해 겨울까지 같은 고민을 가진 둘은 불확실한 미래를 격려하는 좋은 친구가 되었다.

부산의 D대학 영문과에 다녔던 그녀의 꿈은 영어 선생님이었다. 신문사 입사라는 거창한 목표를 두고 아무런 정보 없이 마구잡이로 공부하고 있던 나보다는 훨씬 현실감 있는 꿈을 가지고 있었다. 그녀는 정말 열심히 공부했고 반드시 선생님이 될 것이라고 스스로도 믿었다. 그러나 그해 12월 초 임용고사를 치른 후 그녀는 더 이상 도서관에 나오지 않았다. 학기가 끝나고 졸업을 기다리는 겨울방학이 되어도 그녀의 모습을 볼 수 없었다. 나중에 전화통화로 임용고사에서 떨어졌다는 얘기, 무언가 새로운 공부를 시작했다는 얘기를 들었다. 그리고 여느 친구들처럼 잊혀버렸다.

그런 그녀가 어떻게 연락처를 알아냈는지 내게 전화를 한 것이었다. 예전에 약속을 하면 늘 내가 늦었던 것이 생각나 당일 약속시간보다 조금 일찍 동헌에 도착했다. 봄볕이 좋아서인지 동헌 안에는 아이들의 손을 잡고 나들이 온 사람들의 무리가 군데군데 눈에 들어왔다. 동헌 여기저기를 걸어 보았다. 친구의 얼굴을 혹시 알아보지 못할까 봐 자꾸자꾸 기억을 떠올리면서.

어떤 여자가 눈에 들어왔다. 그 애, 아니 그녀였다. 그런데 눈을 깜박거리며 기억 속의 그 애를 찾아보려 했지만, 그녀는 너무나 다른 모습을 하고 있었다. 광대뼈가 보일 만큼 야윈 얼굴에 웨이브를 한껏 넣은 펌 머리, 뱃살을 보기 좋게 감춘 투피스 정장, 뾰족구두가 조금도 어색하지 않은 차림을 한 그녀는 그때나 지금이나 변한 것이 별로 없는 나와는 너무나 다른 모습이었다.

안쪽으로 걸어오면서 몇 번 두리번거리던 그녀는 금세 나를 알아보고는 성큼성큼 곁으로 다가오더니 대뜸 손을 내밀었다. '악수!' 너무나 자연스럽게 내미는 그녀의 손을 얼떨결에 맞잡았다. 그런데 그녀의 손은 따뜻하지 않았다. 며칠째 뿌연 황사를 의식한 듯 손수건으로 벤치를 휙 훔치고 앉는 그녀의 머리 위로 봄 햇살이 내리쬐었다. 눈가에 몇 올 깊은 주름이 짙은 화장 속에 숨어 있었다.

"너 꿈이 뭐니?"

이런저런 안부를 묻고 답하고 난 후, 그녀가 난데없는 질문을 했다. 그러고는 굳이 내 대답을 들을 필요가 없다는 듯 가방에서 서류뭉치 같은 것을 꺼내었다. 표지에 박혀 있는 어느 다단계판매 회사의 로고가 눈에 들어 왔다. 순간, 난 친구의 모든 정체를 알아버린 듯 맥이 빠져 버렸다. 다단계회사에 다니는 사람들을 이미 몇 차례 겪어 본 적이 있었다. 사파이어니 다이아몬드니 하는 화려한 미래를 꿈꾸며 사람을 찾아 그들 나름의 사업을 하는 사람들. 그들에겐 가족도 친구도 사업의 대상이 되고 만다는 것을 어렴풋이 알고 있었기 때문이다.

그녀는, '아! 그랬구나.' 하는 실망감을 감추느라 진땀을 빼고 있는 친구를 조금도 배려하지 않은 채 긴 꿈 이야기를 늘어놓기 시작했다. 10년 후의 모습을 생각해 봤느냐, 얼마 남지 않은 노후를 위해 무얼 준비하고 있느냐는 등 정말 쉴 새 없이 이야기를 이었다. 남들처럼 초라하게 살기 싫어서 뒤늦게 사업에 뛰어들었다는 그녀의 끝말에 말꼬리를 잡아 볼까 했지만 그만두었다. 내가 지금 강변하려고 한 보통 사람들의 꿈이 얼마나 진저리 났으면 저럴까 싶었기 때문이다.

그녀는 긴 사업 설명 중 두어 번의 휴대전화를 받더니 몇 장의 유인물과 명함, 그리고 책 한 권을 쥐여 주면서 꼭 읽어보라고 했다. 그리고 곧 연락하겠다는 말을 남기고 갔다. 지난 날

가지런한 흰 이를 드러내고서 장래를 이야기하던 스물다섯 민주를 떠올리며 쓸쓸히 동헌을 나왔다.

사람은 시간을 거슬러 오르지 못한다. 다만 때때로 흘러간 세월을 추억할 뿐이다. 나와 함께 천 원짜리 가락국수를 나눠 먹으며 미래를 얘기하던 그 친구는 한차례 불어오는 황사 속으로 벌써 걸어가고 없었다. 온 시내가 누렇고 불투명하다. 어찔어찔한 꿈속에 잠긴 듯 도심 오후를 나는 종종걸음으로 빠져나왔다.

시내안경점

다른 책을 빌려야겠다 싶어 울산의 옛 도호부 동헌 옆에 있는 중부도서관엘 갔다. 그런데 하필 정기 휴관일이었다. 도서관이 매주 월요일은 문을 닫는다는 것을 알고 있었는데도 책을 빨리 빌려 보겠다는 마음에 앞뒤 없이 나섰던 것이다.

책을 반납함에 넣고 난 후 얼떨결에 생긴 시간을 어떻게 할까 생각하다 무작정 시내 쪽으로 걷게 되었다. 울산초등학교를 거쳐 시계탑 네거리를 지나 옛 주리원백화점 앞까지 걸었다. 내 생활의 중심이 직장 때문에 남구 지역으로 옮겨진 후 참 오랜만에 찾은 울산의 구시가지였다. 학창시절 친구들과 쏘다니느라 내 발길이 안 닿은 곳이 없는 이 골목 저 골목을 자꾸만 두리번거리게 되었다. 반듯하게 변한 상점들 중에 문득문득 낯익은 곳들을 확인해 나갔다.

그러다가 발견한 곳, 시내안경점이었다. 안이 환히 들여다 보이는 창 앞에서 나도 모르게 "아, 아직도 있었네." 하는 혼잣말이 나왔다. 손님이 없는 가게 안에는 가게 주인인 듯 나이 지긋한 사람이 인터넷 장기를 두고 있었고, 젊은 종업원은 연신 마른걸레질을 하고 있었다.

내가 이 안경점을 처음으로 이용하게 된 것은 중학교 1학년이었던 열네 살 때, 그러니까 20년도 훨씬 전의 일이다. 변두리에서 초등학교를 졸업한 나는 버스를 타고 시내에 있는 여자 중학교를 다니게 되었다. 키가 작아서 앞줄 자리를 차지하긴 했지만 칠판글씨가 잘 보이지 않았다. 5학년 때 집에 텔레비전을 들여놓게 되었는데 나는 책을 읽으면서 짬짬이 텔레비전도 볼 욕심으로 브라운관 불빛 아래서 책을 읽었다. 그 즈음 나는 정신없이 책을 읽어대던 아이였다. 그 때문인지 중학교에 입학한 나는 시력이 급격히 나빠져 있었다.

학교에서 신체검사를 한 뒤 눈이 너무 나빠 안경을 맞춰야 한다고 어른들께 말씀드리던 날, 할머니와 엄마는 내 이야기를 다 듣기도 전에 '야가 무신 소리 하노?' 하는 표정을 지었다. 당시만 해도 시골에선 안경 낀 아이가 아주 드물었다. 고등학생 큰언니가 안경을 껴야만 칠판 글씨도 보고 공부도 제대로 할 수 있다고 부연설명해줘 겨우 허락을 얻었다. 그러는 동안 난 그저 죄인인 양 고개를 푹 수그리고 방구석에 앉아 있어야 했다.

농사만 짓던 우리 집 형편으로 당시 안경 값이 만만치 않았던 모양이다. 엄마는 높게 쌓은 열무다라이를 몇 날이나 역전장에 이고 가서 팔아 만든, 꼬깃꼬깃한 돈을 손바닥으로 밀어서 반듯하게 편 후 늦은 밤 아버지 몰래 쥐여 주었다. 그 돈으로 다음날 큰언니와 시내 이곳저곳을 살피다 들어간 곳이 바로 시내안경점이었다.

그렇게 처음 맞춘 안경을 끼고 거리로 나설 때 마치 새 세상을 얻은 듯 모든 것이 새롭게 보였다. 마이너스 도수 안경을 맞춰야 할 정도로 눈이 좋지 않았으니 안경을 끼고 본 세상이 얼마나 또렷하고 밝았을까.

그러나 안경을 낀다는 것이 마냥 좋은 것만은 아니었다. 할머니는 작은 시골동네에서 "누구네 집 여식아가 어른들 앞에서도 안경을 찌고 댕기더라."라는 입방아를 걱정했다. 이튿날부터 학교를 가기 위해 동네 골목길을 나설 때면 "어른들 보거들랑 얼른 안경 벗고 인사해라. 안 그러믄 애비 성 팔린다."는 할머니의 이야기를 들어야 했다.

안경이 주는 불편함도 만만찮았다. 안경은 은근한 무게로 내 귀와 콧잔등을 누르고 때로는 머리까지 무겁게 했다. 비 오는 날 뿌연 수난은 물론이고 체육시간 공놀이를 하려고 하면 안경 때문에 저절로 마음부터 오그라지게 되었다. 고등학교 3

학년 때까지 나는 서너 번 안경을 바꾼 것 같다. 시력이 계속 곤두박질치며 떨어진 걸 보면 묵직한 유리로 된 안경의 품질이 썩 좋지는 않았던 모양이다.

대학을 다닐 때 학교 주변에서 안경을 맞추다 다시 시내안경점을 찾은 것은 결혼식을 앞둔 때였다. 신부가 안경을 끼고 드레스를 입을 수 없다는 주위 권고에 따라 콘택트렌즈를 맞추기 위해서였다. 그런데 그때 맞춘 렌즈는 한 달도 쓰지 못했다. 신혼여행을 다녀온 후 렌즈를 소독하기 위해 냄비에 넣고 끓이다가 홀랑 태워버렸다. 결국 난 보관용으로 넣어둔 안경을 다시 꺼내 콧등에 얹었다. 그 후 렌즈를 낄 생각을 하지 않았다.

아침에 눈을 뜨면 내가 제일 먼저 하는 일이 동그란 유리안경을 찾아 끼는 것이다. 유행 따라 무테로 맞춘 안경을 금세 찾지 못하면 불안하기까지 하다. 책을 읽다 그냥 잠드는 일이 많은 나에게 남편은 침대머리맡에 보관 장소까지 정해주기도 했다. 이제 안경은 내 몸의 일부가 되었다. 내 눈이 제 역할을 못하고 세상을 흐리멍덩하게 볼 때 안경이라는 문명의 이기를 이용하여 세상을 컬러풀하고 똑똑히 보게 되었다. 얼마나 다행인지 모르겠다.

요즘은 안경점도 체인점 형식으로 바뀌어 가고, 가게 규모도 커지고 시설도 현대화되었다. 또 눈이 나쁜 사람만 안경을 끼는 것이 아니라 액세서리로 착용하는 사람도 많다고 한다. 시력이 나빠질수록 두꺼워져만 가던 유리알은 거의 사라지고 대신 가볍고 쉽게 깨지지 않는 플라스틱 압축렌즈가 대부분이라고 한다. 이런 변화에 대응하지 못한 옛 안경점은 하나둘 문을 닫을 수밖에 없었을 것이다. 그러나 옛것을 부수고 새 것을 만드는 것으로만 사람들을 다시 불러올 수는 없다. 구시가지를 울산의 중심 '시내'로 알고 다녔던 사람들에게 향수를 불러일으킬 수 있는 추억마케팅은 어떨까?

집으로 돌아오는 길에 만약 이 다음에 안경을 바꿔야 할 일이 있으면 꼭 시내안경점에 들러야겠다고 생각했다. 주인이 바뀌었어도 상관없다. 그곳에는 나뿐만 아니라 그곳을 다녀간 사람들에게 슬며시 추억을 돌려주기 때문이다.

어디 조카뿐이겠습니까

가끔씩 멀리 있는 친척이 방문하기라도 하면 으레 "회나 먹으러 가자."며 바닷가로 향합니다. 남편의 고향이 경북 내륙이라 바다를 구경하기 힘든 분들이 많기 때문이지요. 대개는 정자 앞바다 쪽으로 가지만 때로는 송림과 등대가 있는 대왕암 공원 쪽으로 가기도 합니다.

여름이 시작될 즈음 직장에서 인턴체험을 시작한 조카가 외갓집을 다니러 왔습니다. 어릴 적 잠시 외할머니의 손에서 자란 조카는 할머니께 용돈을 드리겠다고 했습니다. 남편은 기특한 조카와 어머니를 차에 태우고 저녁이나 함께 하자며 방어진으로 가잡니다. 남목 고개가 아닌 미포조선 뒷길로 난 산복도로로 향합니다.

언덕을 거의 오를 즈음 조카가 갑자기 '와' 하는 탄성을 지릅니다. 오른편 현대중공업 도크에서 제작 중인 거대한 선박을 본 것입니다. 조카의 시선을 따라가다 나도 눈앞에 펼쳐진 광경을 보게 되었습니다. 웬만한 고층 아파트보다 더 높은 대형 선박이 만들어지고 있었습니다. 금방이라도 도크를 빠져나가 울산 앞바다로 달려갈 태세입니다.

배 만드는 공장을 처음 본다는 조카에게 남편은 현대중공업에 얽힌 이야기를 늘어놓습니다. 지도 한 장 달랑 들고 가서 배를 수주한 정주영 회장의 신화와 같은 이야기에서부터 단돈 1달러로 사온 '말뫼의 눈물' 골리앗 크레인 이야기까지, 울산 사람이라면 거의 다 알고 있는 이야기지만 취업을 앞두고 고민 중인 조카에게 더 없는 감동을 준 모양입니다. 음식점이 있는 일산진 마을까지 가는 동안 조카와 남편의 이야기가 그칠 줄을 몰랐습니다.

몇 년 전, 문학을 하는 외지 분들과 함께 그 공장 여러 곳을 둘러본 적이 있습니다. 진주에서 온 한 선생님은 공장 이곳저곳을 둘러보시며 연신 감탄사를 그칠 줄을 몰랐습니다. 그도 산보다 더 큰 배를 만드는 장면을 보면서 자신도 모르게 심장 박동이 빨라졌다고 했습니다. 조국의 미래가 여기에 있다는 등 감탄의 언어를 쏟아 내기도 했습니다. 그는 헤어지면서 '역동'이란 단어로 방문한 소감을 정리했습니다. 살아 움직이듯 한 공장의 분위기를 역동적이라는 언어로 함축한 것이지요.

흔히들 울산을 이야기할 때 두 가지의 기적을 빼놓지 않습니다. 시민들의 힘으로 죽음의 강을 생명이 넘치는 강으로 되살려 놓은 '태화강의 기적' 그리고 세계 조선 산업 1위로 성장한 현대중공업의 '미포만의 기적'입니다. 우리나라가 개발도상국의 지위에 올랐을 때 붙여진 한강의 기적을 빗댄 말이지만, 울산 사람들에게는 가슴 뿌듯한 이야기가 아닐 수 없습니다.

특히 미포만의 기적은 세계가 주목하고 있다고 합니다. 기적의 시초는 1972년 3월 23일 울산 미포만의 바닷가 백사장입니다. 고인이 된 정주영 현대 명예회장이 허허벌판 사진 한 장을 들고 선박 수주를 따낸 후, 인구 400명의 조그만 어촌마을은 세계 최대의 조선산업단지로 변모했습니다.

그런데 울산의 기적을 이야기하는 사람들도 미처 보지 못하는 것이 있습니다. 역동의 현장에서 한겨울에 구슬땀을 흘리고 있는 남편들, 아버지들이 있다는 것, 이 여름에도 체온보다 수십 배 높은 열기와 대치하고 있다는 것을 말입니다. 울산의 기적은 수많은 노동자들의 땀과 열정의 결정체였다는 것을 말이지요.

돌아오는 길에 조카는 길고 긴 담 너머의 현대중공업을 보려고 차창에서 눈을 떼지 않았습니다. 담 너머로 이어지는 부러움의 넝쿨이 조카의 눈에서 마구 읽어졌습니다.

어디 그게 조카뿐이었겠습니까.

– 10년 후

시대가 변하고 세상도 바뀌었습니다. 십 년이면 강산도 변한다는 속담처럼 그동안 역동적인 조선 산업의 성장 동력도 멈칫하게 되는 순간을 맞게 되었습니다. 정리해고니 명예퇴직이니 하며 아버지요, 남편이고, 어머니인 현장 노동자들이 회사 문 밖을 나선다는 기사를 읽으며 마음이 아팠습니다.

그러나 허허벌판 위에 지도 한 장으로 세운 미포만의 기적은 속절없이 무너지지는 않을 것입니다. 미래 해양세대를 준비하는 조선 산업으로 변모를 꾀할 것입니다. 그동안 취업에 성공하고 최근에 멋진 결혼까지 한 조카가 울산을 다니러 온다면 "회나 함 묵자." 방어진으로 갈 것입니다. 또다시 현대중공업의 긴 담을 따라 갈 때 신문기자인 남편이 이번에도 줄줄 이야기할 것입니다. 새로운 모티브를 잡아 더 나은 비전으로 발전하고 있는 현대중공업과 산업수도 울산의 미래를 말입니다.

그러면 조카와 그의 아내까지 감탄사를 내놓겠지요.

어디 그게 조카뿐이겠습니까.

아그리파 그리기

긴 복도를 따라 걷다 문을 열고 들어간다. 탁한 물감 냄새, 뚜르르 말려 올라간 도화지를 안은 이젤이 뒤쪽으로 쭉 서 있는 미술실 한가운데에 앉는다. 정면으로 보이는 교탁에는 아그리파 석고상이 있다. 넓은 책상 앞에서 엉거주춤 엄지와 검지로 연필을 쥐고 4절지 도화지를 내려다보고 있는 내가 보인다. 꿈속이었다.

고등학교 1학년 때 미술 실기평가로 석고상 그리기를 했다. 줄리앙과 아그리파 중 하나를 그려야 했는데 고불고불한 머리칼과 기다란 목이 인상적인 줄리앙은 홀수 번호, 그보다 좀 단순해 보이는 굳게 입 다문 아그리파는 짝수 번호 아이들이 그려야 했다. 나는 아그리파를 그리게 됐다.

좀처럼 나는 시작도 못하고 있었다. 그리기에 소질이 있거나 흥미가 있는 친구들은 첫 시간부터 과감하게 큰 도화지를 채워나갔다. 하지만 나는 연필 지나간 자국에 지우개를 뒤따라 붙이기에 바빴다. 선생님은 먼저 구도를 잡아 얼굴 크기나 눈, 코, 입의 윤곽을 그리고 세부적으로 묘사하면 된다고 하셨지만 그 말은 전혀 와 닿지 않았다. 나는 아그리파의 눈을 그리는 데 집중하고 있었다. 먼저 왼쪽 눈을 그렸다. 몇 번을 그렸다가 지우기를 반복하고 나니 조금 만족할 만한 정도가 되었다. 이번에 오른쪽 눈을 그렸다. 좀 더 쉽다고 생각했다. 왼쪽 눈을 그려봤으니 짧은 시간 안에 그려냈다. 팔짱을 끼고 교실을 돌던 선생님이 내 옆에 계신 줄도 몰랐다. 그때 "두 눈이 짝짝이네. 도화지만 내려다보고 그리면 구도도 안 맞고 크기도 각각이 된다." 하시며 지적을 하고 지나가셨다.

한 반에 육십여 명의 학생이 수업을 받던 당시로서는 이름도 모르는 나의 아그리파를 본 대로 말씀하신 것이었다. 주눅이 든 난 바로 오른쪽 눈을 지웠다. 왼쪽 눈 크기에 맞추려고 다시 그렸다. 애를 쓰면 쓸수록 도화지만 시커멓게 번지고 진도는 나가지 않았다.

어제 일만 해도 그랬다. 노동조합이 결성된 지 2년 만에 어렵게 임시총회를 개최하게 되었지만 안건 아닌 일에 큰 목소리를 내는 몇몇 때문에 나는 실망 섞인 목소리로 격분하고 말았다. 다수는 침묵하였고, 조합원들은 얼굴을 찌푸린 채 30여

분만에 안건 투표를 마치고 대회의실을 나갔다.

두세 달 동안 정부기관인 회사의 노동조합 일로 머리가 복잡했다. 공무원과 비공무원인 단시간 근로자들이 함께 일하는 탓에 '차별'에 대한 논란이 계속되고 있었다. 나는 재작년 입사 후 노동조합 선거 때 등 떠밀려 노조 부위원장 직책을 맡았다. 위원장은 안양에서 울산으로 내려온 10년차 상담사다. 그녀 역시 애초에 노조위원장을 맡고자 한 것은 아니었다. 첫 번째 위원장이 개인사를 이유로 사표를 내고 공석이 되자 노조 해산만은 막아야 한다며 그 자리에 선 것이었다. 그녀는 위원장이 되기 전부터 회사와 '차별시정'을 놓고 쉽지 않은 싸움을 하고 있었다. '공무원들과 같은 상담 업무를 하면서도 임금과 복지 등에서 현격한 차별을 받고 있다.'며 노동위원회에 이의 제기를 했다. 몇 개월이나 걸린 절차 중에 지방노동위원회는 그녀의 주장을 받아들이지 않았지만, 중앙노동위원회는 지난해 말 '차별'이라는 판정을 내렸다.

그때부터 회사 안은 소란스러워졌다. 운영지원팀은 동일한 조건에서 공무원들과 함께 근무하지 않는다는 것을 보여주기라도 하듯 사무실을 개조하고 근로자들과 공무원들을 상담 1·2과로 분리해 유리문으로 가로막아버렸다. 이것으로 차후에 생겨날 차별시정의 실마리를 주지 않겠다는 속내를 드러내었다. 근로자들에게도 복지수당 등을 현실화하겠다는 당근책을 내놓았다. 그러면서 중노위의 판단이 잘못됐다며 행정소송도 제기했다. 노조위원장도 중노위가 차별만 인정할 뿐 현실적인 도움이 되지 않아 호봉제 도입 등을 해결해야 한다며 맞소송을 했다. 그리고 노동조합에 힘을 더하기 위해 상급단체 노조가입을 추진했다. 급박하게 돌아가는 상황을 지켜보며 나는 위원장을 애써 도울 수밖에 없었다.

총회에서 상급단체 노조가입은 부결되고 말았다. 상급노조에 가입할 경우 자율성이 떨어지고, 강성노조로 변해 오히려 조합원들의 이익을 제대로 대변하지 못할 수도 있다는 목소리가 나왔고, 또 누구는 회사 측과 마찰을 빚어온 노조위원장의 그간의 이력을 거론하며 소송조차도 개인적인 일로 치부하기도 했다.

연단 앞에 서서 회의를 이끌어가고 있는 노조위원장의 벌게진 얼굴을 나는 마주 볼 수가 없었다. 툭툭 튀어나오는 몇몇 목소리들은 겁쟁이를 나무꼭대기에 겨우 올라가도록 추켜세워 놓고 무섭지, 무섭지 하며 밑둥치를 흔들어대는 악동들 같았다. 난 앞자리에 선 사람의 고충을 눈곱만치도 생각해보지 않느냐, 이렇게 사사건건 시비 걸 거면 그쪽이 집행부를 맡아 해보라고 대거리를 놓고 뛰쳐나오고 싶었다.

아무리 예쁘게 칠하려 애써도 자꾸만 어둡고 추해지는 시간이 있다. 바로 이 시간, 이 순간인 것 같아 가슴이 답답하였다.

더 이상 덧칠할 수 없어 손에 쥔 붓을 던져버리고 도화지도 찢어버리고 싶었다. 하지만 바로 그 어둡고 추한 시간들로 인해 삶이 비로소 컬러풀해지는 거라는데….

퇴근 후에도 회사 일에 속시침질을 해댔다. 왜 그럴까, 왜 그래야 했을까. 잠자리에 누웠을 때에야 비로소 동료 간의 이해 부족이 아닐까 하는 결론을 얻었다. 공공기관의 무기 계약직 근로자라는 쉽지 않은 일자리를 얻었기에 작은 분란이 일어나는 것조차도 부담일 수 있었으리라. 이런 마음을 먼저 헤아리지 못하고 원칙만으로 대응한 탓이니 나만큼이나 동료들도 불편한 밤을 보낼 것 같았다. 자꾸 물고 도는 생각 때문에 몇 시간을 뒤척이다가 잠이 들었다.

그림을 제출해야 할 시간이 점점 다가오자 조바심에 점심을 먹는 둥 마는 둥 짬을 내 미술실로 달려갔다. 그날 미대 진학을 준비하는 친구 S를 만났다. 제 그림을 마무리하러 온 것이었다. 그 애와 같은 반은 아니었지만 도 대회 학예회 때 글짓기 대표와 그리기 대표로 함께 참가한 적이 있었다. 슬쩍 내 그림을 보던 S는 아무 말도 않고 내 도화지 위에다 선을 몇 개 쓱쓱 그려주었다. 구도를 잡아 준 거였다. 내 도화지 위에 길이 보였다. 격자 속에 눈, 코, 입을 그려 넣었고, 턱 선과 어깨선도 어렵지 않게 맞출 수 있었다. 다행히 실기 평가에서 보통 이상의 평가를 받았다.

줄리앙의 고불고불한 머리카락을 어떻게 다 그려 넣느냐며 아그리파 그리기가 돼서 운 좋다며 호들갑을 떨었던, 그 아그리파를 또 그려야 할지 모르겠다. 하지만 더는 그 많은 시간을 보내며 가슴 졸이지 않을 것이다. 내 마음속의 S가 제각기 따로 노는 눈, 코, 입들이 제자리를 잡을 수 있도록 멋진 구도를 잡아줄 것이라 믿기 때문이다.

어떤 졸업

이건 흔히 보는 그런 졸업식이 아니다. 그러니까 정확히 말하자면 졸업식이 아닐 수도 있다. 그러나 나는 '어떤 졸업'이라고 붙이겠다. 적절한 아니 비슷하기라도 한 다른 말을 찾지 못해서다.

9년을 끌어오던 학원을 마무리하게 되었다. 함께 일했던 남편의 재취업과 경기 부진, 의욕 상실 등으로 이제는 끝내야지 하며 마음을 사려먹고 마지막 한 달을 남겨 두었다. 그제야 이상하게도 나는 마음이 담담해지고 가르치던 학원 아이들이 다시 보였다. 마치 시한부 인생을 선고받은 사람이 남은 삶에 더 애착을 느끼는 것처럼.

처음 개원할 때는 그렇지 않았는데 시간이 흐를수록 개개인 하나하나 인정받고 존중받아야 할 아이들을 나는 타성에 젖어 그저 학년별 그룹별 두루뭉술한 집합체로만 보았는지 모른다.

디데이 보름을 앞둔 날, 5년째 다니고 있는 4학년 김형기가 유치부 과정을 마칠 때 나눠 준 졸업앨범을 가져왔다. 너무 뜻밖이었지만 회상에 젖어 그 시절 이야기를 나누었다. 그날 어른스러운 형기가 뭔 눈치라도 챘나 했다. 또 부모 이혼으로 고모네 집에 살면서 제 아빠와 주말에만 만나는 유경이가 유달리 살갑게 엄마 품속을 파고들 듯 달라붙었다. 어려운 처지의 유경이를 생각하니 마음에 바람이 일었다.

한겨울에도 맨발의 청춘인 통통이 준수도 다섯 살 유치부 때부터 내 아들인 양 봐 온 놈이라 밉다가도 귀엽다. 준수 형 제현인 동작이 느려 애태우지만 제 동생은 끔찍이도 아낀다. 그래서 부러웠다. 저런 형 우리 성민이한테도 있었으면 하고….

천둥번개가 쳐도 자기 할 일은 꼼짝없이 하고서야 움직이는 집중력 100의 장서, 그 엄마가 학원 옆 건물에서 슈퍼마켓을 하고 있어서 오가는 길에 수다도 많이 떨었다. 혼자인 장서와 우리 성민이를 의형제 맺다시피 해서 그동안 잘 지내왔다.

이십팔 명의 남은 아이들 중에 들어온 지 한 달이 안 된 상엽이가 재미를 붙여가고 있어 다행 반 걱정 반이었다. 아이들도 어떤 데에 먼저 들고남에 대한 서열 의식이 있음을 엿보면 웃음이 난다. 3개월 먼저 온 채진이는 툭하면 친구 상엽이 앞에서 없는 수염을 쓰다듬으며 에헴, 헛기침을 해댄다. 성과 이름이 같아 큰 민재, 작은 민재라 불렸던 두 명의 김민재, 덩치 좋고 마음도 좋았던 수진이, 얄시 현정이, 조카이면서 학원에만 오면 꼼짝없이 이모인 나를 선생님이라 불러야 했던 은아까지 모두 새롭게 내 눈에 들어왔다. 황량한 겨울 들판에 서서야 파릇한 봄날 새싹의 예쁨을 그리는 기분이었다. 아참, 오랫동안 캐나다에서 살다 작년에 귀국해 뒤늦게 한글 공부하느라 혼이 난 훈섭이를 빼면 안 되겠다. 이젠 제법 더듬거리며 동화책을 읽을 정도이니 잘하리라 믿는다.

혹시 내 마음이 변해 학원을 못 접겠다든지 운영상 3월 말까지 해야 할 것 같다 등의 마음의 변수를 걱정하고 있었는데 지켜보던 남편이 2월 말 다들 졸업식 할 때 우리 아이들도 졸업시키자 했다.

그래, 졸업이다. 씨실 날실 얽히듯 한 내 마음을 남편의 한마디가 정리하게 만들었다. 마지막 일주일을 남기고 먼저 부모님들께 안내문을 발송하고 다시 전화를 주고받았다. '묵은디'들의 부모님과는 그동안 느껴온 부족한 점들은 다시 집어주고 감사 인사를 주고받았다. 진즉에 이런 열의를 부모님들께 내가 보였더라면 예전 아이들을 한 명도 잃지 않고 원생들이 넘쳐났을 텐데…. 헛웃음이 났다.

주5일 수업이므로 2월 27일 금요일이 우리 아이들의 졸업날이 되었다. 며칠 전부터 아이들에겐 그냥 과자파티를 한다 했

다. 몇몇 아이들은 제 엄마로부터 얘기를 들었는지 "학원 문 닫는데이~." 쑤군대면서 내 눈치를 살피기도 했다. 아이들이 물어 올 때도 있었는데 나는 긍정도 부정도 하지 않고 아이들이 제 공부를 하도록, 솔직히 그 전보다 조금이라도 더 하도록 했다. 마음이 탔던 것이다.

그때 형기는 다 알고 이해를 했는지 마지막 한 주 내내 날마다 자기 간식거리를 사면서 평소 내가 좋아한다고 한 박하사탕과 크림빵을 사와서 내밀었다. 나중에 〈TV는 사랑을 싣고〉 나가면, 꼭 자기를 찾아달란다. 나더러 "선생님이 더 유명해질 거 아녜요." 하면서 자기를 찾으면 그동안 얻어먹은 컵라면 박스로 왕창 사서 갚겠단다. 말만 들어도 기특하다며 "나보다는 형기 네가 유명해지는 게 빠르니까 책 좀 많이 읽어라." 하니 "어휴 또 책." 하며 자리를 뜬다. "이 녀석아, 나중엔 쌤 잔소리 듣고 싶어도 못 듣는다." 하니 "글네요." 하며 웃는다. 나도 웃고 말았다.

까만 봉투를 주고 아이들에게 자기 사물함을 정리하라 했다. 그때까지 감을 잡지 못한 아이들도 있었지만 시키는 대로 한다. 대청소를 하는 모양이라고 생각했는지 마구 떠들고 시끄러웠다. 마침 남편이 휴무일이라 학원에 같이 와서 아이들을 거들었다. 난 과자와 음료 떡을 준비해 우리들만의 졸업식을 준비했다.

큰 교실에서 아이들의 함성과 웃음이 터져 나왔다. 무슨 게

임이라도 하는지 '와' 소리와 '에' 소리가 번갈아 들렸다. 시간은 흘렀다. 아이들에게 과자를 주고 격려의 말을 차례로 남겼다. 그리고 악수를 나누고는 계단 밑으로 내려가게 했더니 몇 아이들 어깨가 금세 처지는 게 보였다. 종일 실감나지 않더니만 그 순간 이별이구나, 진짜 졸업이구나 싶었다.

아이들이 모두 빠져나간 작은 강의실을 둘러보니 그렇게 텅 비어 보일 수가 없었다.

23년 전 초등학교 졸업식 날 졸업이 실감나지 않아 학교 안을 뱅뱅 돌다 6-2반 우리 교실을 다시 갔다. 그런데 담임선생님께서 텅 빈 교실을 바라보며 우두커니 서 있는 모습에 나도 울먹이며 돌아 나온 것이 생각난다. 아이들이 일으키고 간 먼지가 햇빛에 드러나 보이며 천천히 가라앉고 있었다. 앞으로 내 마음에도 세월의 더께가 쌓이리라.

짧지 않은 지난 9년, 삼십 대 내 청춘의 업을 마치려는 순간을 맞고 보니 나도 모르게 기운이 빠졌던지 그날부터 사흘을 앓았다. 갑신년 새해를 맞으며 내 인생에 있어 전환의 해가 되리라 준비를 하였다. 남편도 새 일에 발을 내밀었다. 나 또한 지난 일을 졸업하고 다시 세상에 나서야 한다. 조금 두렵다. 그러나 기대에 찬 신입생이 되기 위해 과감히 졸업의 문을 나선다. 지나간 시간들이 꼿꼿이 일어서 나에게 박수를 보내오고, 추억들이 꽃목걸이 되어 감긴다.

엄마가 보고 있다

아이의 기말시험이 다가왔다. 우리 모자母子가 부쩍 날카로워지는 때이다. 어쩔 수 없이 중학생을 둔 보통의 부모가 되고 있다. 기대에 미치지 못했던 지난 시험의 결과에 자꾸만 아이 방을 기웃거린다. 구부정한 앉음새가 먼저 눈에 들어온다. "바로 앉아서 공부해야지." 나도 모르게 한마디를 내뱉고 말았다.

아이는 기다렸다는 듯 "엄마, 나 좀 고만 봐. 인자 싫어." 한다. 그 목소리에 짜증이 가득하다. 언제부턴가 아이는 그만 보라고 한다. 처음에 그 소리를 들었을 땐 제법 큰 충격까지 받았다. 부모의 관심을 거부하는 아이에게 서운함조차 느꼈다. 얼마 뒤 아이 반 급훈 얘기를 듣고서야 조금은 이해가 됐다.

학년 초에 담임선생님이 '엄마가 보고 있다'라는 급훈을 교실 앞 벽에다 걸었다고 한다. 선생님께서는 엄마 같은 마음으로 아이들을 보살피겠다는 것과 집과 일터에서 노심초사할 엄마를 생각하라는 의미를 담고 있다고 부연하셨단다. 하지만 어느 때부터 아이는 학교에서도 엄마가 보고 있고, 집에서도 엄마가 보고 있으니 정말 부담이 된다는 말을 늘어놓기 시작했다.

재작년에 열두 살 터울 지는 동생이 생겨 신경을 못 쓰고 있다는 자책에 말 한마디로도 애정을 드러내 보이려는 내 마음을 어찌 알까. 엄마 사랑을 독차지하려고 안달하던 내 어린 시절이 생각나 허허로운 마음이 든다. 4녀 1남의 셋째인 내게 엄마의 눈길을 붙박아두기란 쉬운 일이 아니었다. 그런데 내가 열세 살이던 해 엄마의 관심을 한꺼번에 받을 일이 생겼다. 동네 친구와 신문 배달을 하게 된 것이었다. 벌써 반년 남짓 먼저 해오던 친구가 새벽에 혼자 다니기 싫다며 나에게 자기가 받을 돈의 반을 나눠줄 테니 함께하자고 했다. 마침 겨울방학이 다가왔던 터라 아버지께서도 잠시 말씀이 없으시더니 한번 해보라며 허락을 하셨다.

첫날, 드디어 나도 아버지처럼 돈벌이를 하게 되었다는 들뜬 기분에 잠을 설쳤다. 엄마는 속이 든든해야 안 춥다며 뜨거운 물에 밥을 말아주셨다. 그리고 두터운 외투에 목수건까지 챙겨 놓으셨다. 나를 데리러 온 친구와 함께 새벽달이 희미한 골목길을 지나 동네 입구 다리까지 엄마는 가만가만 뒤따라오셨다. 호기심과 기대로 발걸음이 가벼운 딸아이에게 엄마가 이래라저래라 주의를 주었다. 괜찮으니 그만 들어가라고 친구와 내가 거듭 손사래를 쳤지만 엄마는 '조금만 더, 조금만 더' 하며 오래도록 보고 계셨다.

일은 만만찮았다. 새벽 다섯 시가 되기 전에 집을 나서 2킬로미터가 넘는 병영 파출소 앞까지 갔다. 그리고 선걸음으로 신문을 받아들고 돌아오는 길에 아랫동네와 우리 동네 구독자들에게 배달해야 했다. 사나흘이 지나자 따뜻한 이불을 제치고 차가운 새벽으로 발을 내딛는 것이 점점 힘들어졌다.

어느 날은 눈이 펑펑 쏟아졌다. 엄마는 다른 날보다 더 일찍 일어나 덜그럭거리셨다. 엄마의 기척에 내가 밖으로 나서자 안 일어나면 그냥 둘까 했다며 안타까워 하셨다. 내가 누룽지탕을 먹는 사이, 엄마는 이런 날씨에 어떻게 하면 발이 젖지 않게 할까 무지 고민하셨다. 그러다가 엄마 고무장화에 짚을 비벼 폭신하게 깔아주셨다. 나를 데리러 온 친구의 신발에도 엄마는 짚을 훑어 깔아주셨다. 차가운 발로 돌아다닐 자식 생각에 엄마의 마음은 더 시렸던 것이다.

우리 동네 몇 집까지 신문을 돌리고 대문을 들어서면, 마당에서 비질하던 아버지가 나를 돌아다보고 아궁이에 불을 지피던 엄마도 안도의 표정으로 내다보셨다. 게으름을 부리고 싶은 날들도 많았다. 하지만 어린 나를 믿고 지켜봐주시는 부모님의 마음을 새기며 겨울 방학 한 달 내내 신문 배달을 하였고, 개학과 더불어 그만두게 되었다.

길지 않은 시간이었지만 아직도 그해 겨울을 잊지 못한다. 자식을 걱정해서 무조건 감싸 안기보다는 한 발 뒤에서 따라 걷고 어둠 속에서 지켜봐 주시던 엄마의 사랑을 깊이 느꼈기 때문이다.

세월을 건너뛰어 이제 내가 엄마의 자리에 왔는데…. 나는 시행착오를 겪을 틈도 주지 않고 아이가 곧장 목표를 향해 나아가기만을 바랐던 것 같다. 인생에도 지름길이 있다는 듯 아이의 진로에 방향등이 되어 주고 싶어 하지만 아이는 빙빙 돌아오기를 곧잘 한다.

아이가 책상 위에 엎드린 채 잠들어 있다. 키 크느라고 그런지 부쩍 마른 몸매가 밉다. 엄마의 관심을, 높고 억센 억양으로 하는 사투리말 "엄마가 보고 있대이."로만 느낄까 봐 나는 애써 감시자의 눈초리를 거두려 한다. 어둠이 깔린 상방 다리 건너편에서 낮고 젖은 어조로 "엄마가 보고 있으께." 하시던 따뜻한 엄마의 목소리로 가만가만 아이 등을 쓸어내린다.

3부
소망 우체통

과학 잡지에 응모엽서를 보낸 아이의 마음이, 군대에 간 사랑하는 이에게 편지를 보냈을 때의 마음이 이런 것이었음이 분명하다. 벌써부터 누구에게 편지를 쓸지, 어떤 이야기를 쓸지…. 소망 우체통이 내 마음을 불러들인다.

엄마도 몰랐다

“엄마, 나는 내일 어느 유치원 가?” 아이는 어린이집에 다녀오자마자 내일이 아니라 내년에 가게 될 유치원 얘기를 한다. “으응?” 아직도 내일과 내년이라는 시간 개념어가 뒤죽박죽인 네 살배기 아이 입에서 또박또박 유치원 얘기가 나오리라고는 생각하지 못했다. 집 가까운 유치원 몇 곳을 들먹이며 아이에게 고르라고 장난스럽게 말했다. 입학원서를 쓸 즈음 한 번 둘러볼까 생각하고 있었는데 아이는 자못 심각했다.

“친구들이 가는 유치원에 갈래. 나 혼자 가면 울 거야.”라고 말했다. 그 말을 듣는 순간 아이가 벌써 친구를 알 나이가 됐구나 싶어 적이 놀랐다.

잠시 후, 목욕탕 욕조에 앉은 아이가 자꾸만 묻는다. 아이는 요즘 자동차에 흠뻑 빠져 있다. “엄마, 왜, 왜 비 오는 날 띡뚝

떡뚝해?" "엄마, 으, 으 깜깜해지면 어떻게 떡똑해?" 와이퍼가 켜지는 것, 실내조명이 들어와 계기판이 밝아지는 것이 신기한 모양이다. 비가 오니까 앞이 잘 보이라고 차 얼굴 씻는 거라고, 핸들에 불 켜는 막대기를 옆으로 돌리면 된다고, 전부터 대여섯 번도 더 주고받은 질문과 답이다.

아이는 엄마의 답을 다 안다는 것인지 듣는 둥 마는 둥 한 손으로는 샤워기 물을 뿌리고 또 한 손으로는 떡뚝떡뚝 시늉을 한다. 그러다가 돌연 제 엄마를 시험에 들게 한다. 만화 프로그램에 나오는 '로보카 폴리'의 등장인물들을 차례로 묻는다. 얼마 전까지 '뽀로로와 그 친구들'을, '토마스와 친구들'을 달달 외게 하더니 요새는 '로보카 폴리와 그 친구들'이다.

"폴리…음, 누가 있더라…. 음, 잘 모르겠네." 심각한 표정으로 대답한다. 진짜 모르기도 하지만 아이가 원하는 대답이기도 해서이다.

"와, 엄마도 몰랐다." 아이는 두 손을 박수라도 칠 듯 맞잡으며 큰소리로 엄마가 모르는 것을 기뻐한다. 자기가 아는 것을 가르쳐주는 기쁨을 느끼는 걸까? 만화에 등장하는 캐릭터들의 이름을 대며 색깔과 생김새까지 알려주느라 작은 눈이 커진다.

아이는 자라고 있다. 몸이 커 가는 것은 옷을 입혀 보다가 알고, 머리와 마음이 자라는 건 조잘대는 쪼끄만 입에서 보인다. 내 입꼬리가 살짝 올라가다가 나도 모르게 자조 섞인 독백

이 나온다. "요놈아, 엄마도 모르는 게 많~다."

뭔가를 시작하기에는 정말 어중간한 사십 대 중반이다. 미혹됨이 없어야 할 불혹을 넘어 하늘의 뜻을 알고 순리대로 살아갈 지천명을 바라보는 나이지만 나는 모르는 것이 너무 많다. 그래서인지 목마른 사람이 물을 찾듯 마냥 무엇인가 자꾸 배우고 싶은 마음에 이리저리 기웃거렸다.

지난해부터 '진로커리어코치'가 되어 중학교에 진로교육 특강을 나가게 되었다. 학생들이 자신을 이해하고 다양한 직업세계에 대해 관심을 가질 수 있도록 돕는 게 교육목표였다. 수업을 진행하면서 미래의 직업과 직업인으로서의 어려움 등을 설명하는 시간에는 나 스스로 부족함을 깨달았다. 그래서 함께하는 동료의 조언으로 직업상담사라는 직업을 알게 되었고, 올해 초 집 근처에 있는 여성회관에서 개강한 자격증 취득 과정을 수강하게 되었다. 수강생들은 나와 비슷한 연배의 '아줌마'들이 대부분이었다. 그들 속에 내 모습이 있었다. 저녁시간에 수업이 있어 커피를 마셔가며 3개월에 걸쳐 두꺼운 책을 뗐다. 수료 후 시험공고가 나고 도서관을 찾았다. 그곳에서도 꿈을 찾기 위해 애쓰는 이들을 보며 나를 가다듬었다. 아무리 붙잡으려 해도 내용들은 내 머릿속에 남아있기를 거부하는 것 같았다. 녹슨 머리와의 싸움, 엉덩이가 배기는 시간과의 사투를 치르고 겨우 1차를 통과했다.

그땐 세상을 얻은 듯했다. 그러나 곧이어 치른 2차 실무시험은 호락호락하지 않았다. 문항 전체가 서술형이라는 데 어려움이 있기도 했지만, 그동안 관심을 두지 않았던 사회 경제 현상이나 직업심리 내용은 아무리 외워도 근본적으로 이해가 되지 않았다. 결국 거듭 실패했다. 그래서 나는 지금 바람 빠진 풍선마냥 쪼글쪼글해져 있다. 불쑥 솟은 용기가 가져다 준 희망이 허황된 패배감으로 끝날 것 같아 미리 겁먹고 있었다.

물장난이 한창인 아이의 반짝이는 얼굴을 보며 금세라도 자격증 시험공지가 뜨면 아직 모르는 것이 많은 이 엄마는 도서관으로 갈 거라고 속말을 한다.

예비 시인이여

여름 햇살이 아침부터 따갑다. 장마 뒤 찾아온 더위는 벌써 일주일째 맹위를 떨치고 있다. 연일 섭씨 35도에 이른다. 빨래를 널려고 옥상에 올라가니 바닥의 열기에 숨이 막힌다. 후다닥 빈 통을 들고 내려오니 고등학교 2학년인 아들이 밥상 앞에서 물러나 앉았다. 서랍에서 양말을 꺼내 신더니 이내 아이는 안방 화장대 앞에서 한참을 고른다. 옆얼굴을 보다가, 머리를 쓸어넘기다가 다시 빗질을 쓱쓱 한다.

"아들, 대충해도 잘생겼잖아. 학교 늦겠다." 나는 자동차 열쇠를 들고 아이보다 먼저 현관을 나선다. 아이의 학교는 버스를 타고 가기엔 가깝고 요즘 같은 삼복더위에 그냥 걸어가라기도 애매한 위치에 있다. 그래서 비가 많이 오거나 아침부터 푹푹 찌는 날에는 기꺼이 앞장선다. 아이를 데려다 주는 길,

학교를 향하는 아들을 보면서 늘 감정이 엇갈린다. 제 나름의 꿈을 위해 배움터를 향해 걸어가는 청춘은 눈부시다. 그러나 실상은 아침부터 처진 아이의 어깨를 보노라면 안쓰러운 마음도 어쩔 수 없다. 5분여 만에 차에서 내린 아이의 어깨가 유난히 좁아 보인다. 지난번에 참가한 백일장에서 입상권에 들지 못한 것이 마음 쓰이는 모양이다.

아이는 자칭 '시인 꿈나무'였다. 어릴 적부터 백일장에 참가해서 글을 쓰게 한 일이 발단이 되었던지 지금까지 열심이다. 가끔 지칠 때도 있어 보이지만, 상장이 한두 장씩 쌓이는 것을 보고는 또다시 힘을 내곤 했다. 진로를 걱정해야 하는 고등학생이 된 후로는 아예 문예창작학과 입학을 목표로 글을 쓰고 있다. 하지만 문학특기자 전형을 노리는 일이 쉽지 않음을 알아버린 후부터 아이는 '시인의 꿈'을 이야기하지 않는다. 입시 때 가산점이 주어지는 각 대학에서 주최하는 전국 단위의 대회에 몇 차례 참가한 후 아이는 자신감을 잃은 것 같다. 늦은 밤에 종종 하는 습작도 줄어들었다. 아마도 각종 백일장에서 상을 휩쓸어 버리는 예술고 학생들 때문인 것 같다. 인터넷에서 입상 여부를 확인해 보면 경기도 소재의 예고 문예창작과 아이들이 대부분이다. 우리 아이처럼 인문계 고등학교 문예부 동아리에서 대충 글 좀 쓴다는 아이들이 입상권에 들기에는 그야말로 '하늘의 별따기'였다. 그동안의 습작품에서 함께 고른 글을 공들여 대학 공모전에 내기도 했지만, 아이는 아직 한 번도 예선을 통과하지 못했다. 공모전 역시 예고 아이들의 명단이 빼곡하다. 결과 발표하는 날 나 혼자만 조용히 열어보고 닫은 적이 한두 번이 아니다.

지난 한 학기 동안 지역에서 열리는 백일장에서 한 차례 장원을 하긴 했지만 그걸로 대학에서 가산점을 받기는 어려울 것이다. 축 처진 아이의 어깨를 보며 아이가 보이지도 않는 길을 가는 것은 아닌지 수능을 눈앞에 둔 학부모로서 걱정이 앞서기도 한다.

나도 학창 시절 백일장을 쫓아다니던 때가 있었다. 초등학생 때부터 학교 대표로 글짓기 대회에 나가게 되었지만 중학교를 마칠 때까지 한 번도 입상을 하지 못했다. 백일장에서 원고지 가득 뭔가를 채우고 나와서는 혼자서 혹시나 하는 기대에 얼마나 설렜던가. 그러나 발표일이 지나도 연락이 없어 속으로 실망한 날들을 보냈다. 그러다 고등학교 문예부에서 만난 선배랑 틈틈이 글쓰기에 대한 이야기를 나누면서 문학이 좋아졌다. 드디어 고등학교 1학년 백일장에서 처음으로 꼴등상으로 입상했을 때 세상이 모두 내 편인 것 같았다. 그 후 백일장 수상자 명단 안에 끼는 일이 많아졌다. 대학도 그냥 국어국문학과를 택했다. 지금도 그저 글이 좋아서 틈날 때마다 읽고 베끼고 때로는 쓴다. 훗날 내가 쓴 글을 읽은 누군가가 감동을 받고, 일상에서 따뜻함을 느낀다면 그건 덤일 뿐이다.

조만간 아이에게 진로에 대한 이야기를 한 번 더 해볼 생각이다. 힘들다면 다른 길을 생각해보라고 말이다. 하지만 시인의 길을 가겠다면 백일장 결과에 연연하지 말라고 할 것이다. 백일장이 대학에 쉽게 들어가는 방편이 될 수도 있지만, 그렇다고 절대적인 조건이 되는 것은 아니라고 말이다. 자신이 좋아하는 일을 위해 씩씩하게 나아가기를 엄마의 자리에서 언제까지나 응원할 것이다.

'예비 시인이여, 습작의 시간을 견뎌내는 것만으로도 엄마를 감동시킨단다. 힘내라.'

여행가방의 변신

약속시간이 다 돼 대문을 나섰다. 담장 끝에서 좌우를 살폈다. 전날 밤 골목을 빙빙 돌다 겨우 주차한 곳이 얼른 생각나지 않았다. 아침 출근 시간이 지나자 차가 많이 빠져나가 집 근처 골목길이 휜했다. 새로 지은 원룸 모퉁이에 비스듬히 주차를 한 게 기억나 걸음을 옮겼다.

어느 집 대문 앞에는 재활용품 그물망이 속을 비우고 누웠고, 그 옆 전봇대에는 빈 음식물통도 반쯤 열린 채 주인이 나와서 거둬가기를 기다리고 있었다. 아, 그런데 원룸 주차장 입구 뒤편에 시커먼 캐리어 여행 가방이 놓여 있는 게 아닌가. 나도 모르게 움찔거리며 최대한 피해서 갔다. 자꾸 가방을 힐끔거리며 연말 뉴스 시간에 화면을 달구던 사건을 떠올렸다.

인천의 어느 빌라 담 밑 여행용 가방에서 시신이 발견되었다. 가로 60센티미터, 세로 40센티미터 크기의 시커먼 가방을 수상하게 여긴 하굣길 여학생이 신고하였다고 한다. 무인 카메라에서는 빌라 담벼락에 가방을 투기하고 황급히 달아나는 범인의 모습이 텔레비전 화면에 여러 차례 떴다. 참으로 무서운 세상이다. 평소 알고 지내던 사람을 죽여 여행 가방 안에 버리고 다음날 어머니가 실종되었다고 걱정하는 딸 앞에서 위로를 건넸다니 인간의 탈만 썼지 사람은 아닌 게 분명하다 싶었다. 운전대도 꽁꽁 얼어 손이 시렸다. 와중에 뒷거울에서 보이는 시커먼 가방도 자꾸 눈에 들어와 오싹함이 느껴져 얼른 골목을 빠져나갔다.

저녁에 돌아올 때도 그 자리를 지키고 선 가방이 정말 무섭게 느껴졌다. 저 가방은 누가 왜 내놨을까? 여행을 다녀오면서 고장이 나서 분리수거라도 하는 양 버린 것이란 말인가. 혹시나 그런 사건 속의 가방일까 봐 다가가고 싶지가 않았다.

며칠 뒤, 설거지를 하며 창밖을 보게 되었다. 느릿한 걸음으로 노인이 지나가는 게 보였다. 한 팔을 뒤쪽으로 뻗어 뭔가를 끌며 재활용 폐지가 있는지를 살피며 걸음을 옮기는 '종이할배'였다. 그런데 분명 그저께 보았던 그 검은색 여행 가방이었다. 캐리어라 불리는 시커먼 여행 가방이 45도 각도로 천천히 끌려가고 있었다. 이리저리 뭔가를 찾는 등산 조끼 차림의 노인 손에서 가방은 또 다른 변신을 했다. 노인에게로 간 여행 가방은 아이러니하게도 손수레나 쇼핑카트의 대용품으로 안성맞춤이었을 것 같다. 바퀴가 있어 굴리기 수월하고 큼직한 공간이 있어 웬만큼 폐지나 재활용품을 주워 담아도 남들 눈에 보이지 않고도 안전하게 가져갈 수 있으니 말이다.

키 크고 말쑥한 '종이할배'에게도 한때는 양복을 입고 캐리어를 끌며 세계는 넓고 할 일은 너무 많아 잘나가던 시절도 있었을 것이다. 또 어떤 때는 가족들이나 친구들과 알록달록한 옷을 입고 큼직한 가방을 끌며 제주도 여행을 다녀왔을지도 모를 일이다.

가방의 원래 용도는 정해져 있지만 그것을 쓰는 이의 의도에 따라 스릴러물의 소재가 되기도 하고 며칠 만에 반전극같이 리얼리티 드라마의 소품이 되기도 한다는 걸 알게 되었다.

주말이 지나고 집 앞 전봇대 옆에 또 여행 가방이 버려져 있다면, 누가 무단투기를 하냐며 무심히 지나칠 것 같다. 우리 동네 여행 가방의 변신은 무죄니까.

없던 일로 하기

– 파쇄기

퇴근길에 상담 메모지 묶음을 들고 사무실 구석에 있는 파쇄기 앞으로 갔다. 내 앞자리 동료가 먼저 와서 파쇄기를 이용하고 있다.

찌-직 찌-직. 제법 오랜 시간 동안 동료 상담사의 상담메모가 차차 없어지는 것을 본다.

내 차례가 되었다. 비록 4.5시간 근무이지만 민원인과 주고받은 내용을 적다 보면 용지가 대여섯 장이 넘는다. 민원인과 다시 상담을 해야 하는 경우를 대비해 민원인의 이름이나 전화번호 등 개인정보를 기록해둔 경우가 있다. 이럴 땐 더욱 유의해서 파쇄를 해야 한다.

사라지는 메모지를 보면서 감정노동자를 '다그치던' 시간들도 '없던 일'이 되었으면 싶다.

– 해고 철회

연말이 되면 부쩍 해고 상담이 많다. 사업주가 근로자에게 날짜를 지정해 일방적으로 나오지 말라고 하는 것을 해고라 한다는 개념부터 알려주며 상담을 한다. 그런데 근로자를 일방적으로 해고할 경우 해고수당을 줘야 하는 것을 알게 된 사업주들이 해고를 무르는 경우도 있다. 이런 해고 철회 관련 상담은 민원인과 주고받는 말이 자꾸 길어지게 된다. 철회란 상대편이 동의를 하게 될 때 효력이 있지만 사업주가 철회한다고 무조건 근로자가 받아들여야 하는 게 아니라고 알려줘도 사업자들은 쉽게 이해하지 못한다.

많은 사업주들이 좀 알아줬으면 싶다. 한 대 때려놓고 "미안!" 한다고 사과가 아닌 것처럼 해고철회도 일방적으로 없던 일로 하자 해서 될 일이 아니다. 이미 엎질러진 물을 다시 그릇에 모아 담으려 해도 처음대로 되지 않는 것처럼, 한 번 깨진 유리는 아무리 잘 갖다 붙여도 금 간 자국이 남는 것처럼 말 한마디로 '없었던 일'로 되돌려놓을 수는 없다.

– 경상도 할배

작년 봄에 중국여행을 갔을 때였다. 가이드를 따라 걷고 또 걷다가 다리가 아파서 일행들이 어느 돌다리 주위에 둘레둘레 앉았다. 물을 한 모금 마시고 다시 일어서려 할 때 어느 누구 할 것 없이 "아구구" 앓는 소리를 냈다. 일행 중 초등학교 교사로 명퇴하신 손 선생님이 모두를 빵 터지게 하는 이야기를 했다.

혼자된 경상도 할배가 황혼 결혼을 생각하며 소개팅 자리에 나갔는데 상대편 할매가 마음에 들어 함께 살자고 했대. 늘그막에 혼자 어렵게 살던 할매도 너무 잘된 일이라 생각하고 좋다 했지. 그런데 할매가 자리에서 일어나면서 자기도 모르게 "아고고 다리야." 소리를 냈지 뭐야. 순간 이 소리를 들은 할배가 "고마 없던 일로 하입시더." 하더란다.

늘그막에 재혼이라도 하려면 끝까지 긴장을 놓지 않고 앉은 자리에서 일어났으면 좋았을 텐데, 그 할매는 어떻게 됐을까 싶다.

– 13차 촛불 집회

새해가 되어도 연일 나라가 시끄럽다. 최순실 국정농단으로 시작된 촛불 집회, 국회청문회, 특검, 대통령 탄핵, 블랙리스트 의혹 등으로 날마다 뉴스에서 눈을 떼지 못할 지경이다. 애초에 없었던 일이었다면 좋을 텐데, 그렇지 못하다.

눈이 오고 기온이 영하 12도로 떨어진다는 예보를 들으며 토요일 서울 광화문 촛불집회엔 몇 명이나 과연 모일까, 그 차가운 얼음 바닥에 앉아 추위도 떨치고 시위를 이어갈 시민들에게 존경을 보낸다. 그러면서 이런 사태를 만든 장본인들이 계속 몰랐다, 모르는 일, 기억나지 않는 일이라고 눈 하나 깜빡하지 않고 고개 꼿꼿이 들고 기자회견을 하고 국회청문회장에서 거짓말을 하는 장면을 보며 컴퓨터 바탕화면에 있는 휴지통을 떠올린다. 몽땅 클릭해서 휴지통에 넣고 완전 삭제를 눌러버리고 싶다. 그러면 바탕화면이 훤해지듯 시원할 것 같지만 이 또한 대한민국의 역사로 또박또박 기록되어야 하리라. 없던 일로 하기엔, 이제 그만 대충하자 하고 덮기엔 촛불 든 밝은 눈들이 형형하다.

김밥

집 근처 마트에서 장을 보았다. 초등학생인 아이의 현장답사일이 내일이다. 아침에 등교하면서 부탁하던 아이의 주문을 떠올리며 과자와 음료수를 바구니에 담은 뒤 김밥 재료 코너로 갔다. 엄마들이 몰려 있었다. 나도 그 틈에 끼어 묶음으로 준비된 재료를 사서 물러섰다. 또 뭐가 필요한 게 있나 싶어 망설일 때 쇼핑카트를 밀고 지나가는 아주머니의 목소리가 들렸다. 휴대전화로 상대방에게 하는 말이었다. 귀찮아서 김밥 전문점에서 사다가 소풍 보내야겠다는.

웬만한 곳에는 다 있는 김밥가게가 우리 동네에도 몇 군데나 있다. 요즘 같이 학교의 행사가 많이 있는 달이면 부쩍 바빠지는 음식점이다. 나도 이곳의 신세를 진 적이 있다. 아이가 초등학교 저학년이었을 때 이른 아침부터 바쁘게 출근을 해야 한다는 이유로 천 원짜리 김밥을 쏙 넣어 보내곤 했다.

그런데 아이가 고학년이 되면서부터는 그럴 수가 없었다. 아이가 대놓고 엄마가 싸 주는 김밥을 먹고 싶다는 통에 할 수 없이 처음으로 김밥을 싸기 시작했다. 아직도 그날 아침에 진땀을 빼던 기억이 난다. 김에다 넣는 밥의 양을 조절하지 못해 터진 김밥이 나오거나 너무 적게 넣어 초라해 보이는 김밥을 말기도 했다. 그날 점심 도시락으로 가져간 내 김밥을 본 동료가 '오백 원짜리 김밥'이라 해서 한참이나 웃었다. 시간이 지나니 이제는 나도 제법이다. 음식점에서처럼 요리조리 모양 낸 김밥은 아니지만 시금치와 달걀부침까지 정석대로 넣어 기본에 충실한 김밥을 아이 도시락에 담아 줄 수 있게 되었다. 그 친구가 본다면 '이젠 구백 원짜리 김밥'이라고 말할 것 같다.

김밥 얘기를 하다 보니 내가 어릴 적 소풍날도 생각난다. 아이가 다섯이나 되었던 친정엄마는 김밥에 대한 부담이 꽤나 컸을 것이다. 두 살 터울이었던 우리 형제들은 초등학교를 셋씩이나 같이 다녀서 소풍날이 같았던 적이 대부분이다. 엄마는 소풍날이 다가오면 무슨 잔치라도 치르는 것처럼 버스를 타고 역전 장에 나가셨다. 지금 생각해 보면 엄마가 싸 주시던 김밥 속은 딱 세 가지였다. 김밥 속이 아니면 좀체 맛볼 수 없었던 넓적한 '오뎅'과 굵은 '다꾸앙'을 사오셨다. 그쯤 되면 시금치는 텃밭에서 한 소쿠리 뽑아서 다듬어두고 데치는 것만 남겨 놓은 상태였다. 그리고 소풍날 간식거리로 빼놓을 수 없는 달걀을 사러 윗마을 양계장으로 가셨다. 사이다 한 병과 함께 먹었던 그 시절 엄마의 자식 사랑이 가득 담긴 김밥을 생각하면 지금도 소풍날 먹던 뭉근한 김밥 냄새가 코 한 끝에서 전해지는 것 같다.

요즘 엄마들이 김밥을 싸느라 분주하지 않듯이 아이들도 김밥에 감동하지 않고 시큰둥하다. 돈만 있으면 언제든지 맛볼 수 있는 음식점이 있어서이기도 하고 모든 게 너무 흔한 세상이 되었기 때문이리라. 중학생이 되면 현장 학습을 가는데 빈손으로 가는 경우가 허다하다. 유원지 음식점에 들어가 돈으로 점심을 해결하거나 군것질을 한다. 한편으로는 얼마나 편리하고 살기 쉬운 세상인가 하는 생각도 든다.

그러나 나는 내일 아침 일찍 까만 김에다 밥을 살살 편 뒤 갖은 속을 넣고 돌돌 말아 엄마표 김밥을 싸고 있을 것이다. 길쭉한 김밥 속에다 그 옛날 내 엄마와 닮은 마음을 꾹꾹 눌러 아이의 가방에 챙겨 담을 것이다.

가슴으로 키우는 나무

살구였다. 마트 진열장 위에 가지런히 놓인 것은 말 그대로의 살굿빛을 가진 살구였다. 입 속에서 새콤한 침이 돌았다. 투명한 통을 들어보니 붙은 값이 꽤 되었다. 망설이다 바구니에 담았다. 이맘때면 어릴 적 밭둑의 살구나무 아래에서 잘 익은 살구를 베어 문 기억을 잊지 못한다. 농익은 살구에선 향긋한 내음과 함께 새콤한 즙이 흘러들었다.

살구나무는 내가 세 살이 되던 해에 돌아가신 할아버지가 심은 것이다. 내가 기억하는 할아버지는 친정집 할머니 방에 걸린 사진틀 속의 모습뿐이지만 어른들로부터 들은 할아버지 이야기 속엔 나와 얽힌 것도 있다. 태아의 성 감별이 어림없었던 그 시절, 내리 딸 둘을 낳은 엄마의 뱃속에 있던 내가 남자아이라는 것을 의심하는 이가 적었다고 한다. 할머니의 태몽에서도, 점쟁이의 점괘에도, 앞선 두 아이와 노는 것이 다르다는 엄마의 말 속에서도 나는 남자아이였다. 오죽했으면 병약하셨던 할아버지가 내가 태어나기도 전에 고추금줄을 다 만들어 내걸었을까.

하지만 할아버지를 비롯한 가족들의 바람과는 상관없이 나는 여자로 태어났다. 할아버지는 셋째 손녀를 얻었다는 산파의 말이 끝나기가 무섭게 짚고 있던 지팡이를 들어 금줄을 걷어내렸다고 한다. 안타깝게도 할아버지는 그토록 고대하던 막내 남동생을 보지 못한 채 이승의 문턱을 넘으셨다.

생전에 부지런하셨던 할아버지는 비록 손녀들이었지만 식구들이 하나 둘 늘어나자 산비탈을 일궈 만든 밭둑마다 과실나무를 심으셨다고 한다. 집 뒤로 난 밭두렁에는 산딸기를 심었고, 구태골 밭둑엔 살구나무와 복숭나무, 뽕나무도 심었다. 얼마 되지 않은 비탈밭뙈기에도 철따라 딸기며, 토마토며, 참외를 심었다. 할아버지는 가난으로 배불리 밥 먹이지 못하는 시절, 손주들이 과실이라도 따먹을 수 있도록 한 것이었다. 덕분에 우리 다섯 형제는 커오면서 계절 따라 열리는 과실을 비교적 풍족하게 먹을 수 있었다.

지금 고향마을은 택지개발로 평평해졌고 줄줄이 서 있던 감나무, 밤나무, 살구나무도 다 베어지고 없다. 그러나 내 가슴에 심어진 단단한 과실나무들은 아직도 생생하게 살아있음을 느낀다. 비록 다정한 말씀 한번 들은 기억 없지만 할아버지가 새삼 그리워져 오는 것은 내 성장의 깊은 뿌리로 버티고 있기 때문이다.

지난 주말 아버지의 얼굴에 모처럼 환한 미소가 넘쳐났다. 남동생의 둘째 아들 돌잔치 맨 앞자리를 차지한 아버지는 돌잡이를 하는 손자의 동작 하나라도 놓치지 않으려는 듯 시선을 한 곳에 두고 있었다. 딸 네 명을 먼저 얻으면서 애를 쓴 탓일까. 막냇동생이 수월하게 첫아들을 얻고, 또 둘째 아들을 얻었을 때 아버지는 아들과 며느리를 무척이나 대견해하셨다. 나중에 들은 이야기지만 아버지는 돌잔치 비용은 물론 따로 손자 이름으로 통장을 만들어 주었다고 한다. 아버지가 손자들에게 건넨 통장 액수는 알 수 없다. 하지만 아버지의 마음은 그 옛날 손주들을 위해 심었던 할아버지의 과실나무인 것을 나는 안다.

아버지는 예나 지금이나 막냇동생과 우리 네 자매, 열이나 되는 손주들의 든든한 버팀목으로 서 있다. 아버지가 계신 것만으로도 큰 힘이 되고 있다. 하지만 세월은 아버지의 어깨를 조금씩 움츠러들게 했다. 이제는 할아버지와 아버지가 보여주신 과실나무를 우리 형제들이 가꿀 차례다. 그 과실 중의 하나라도 아버지가 드실 수 있어야 할 텐데, 계절이 너무 빨리 바뀌는 것 같아 안타깝다.

내게 살굿빛으로 다가오는 유월, 할아버지가 심어놓은 살구나무 아래서 잘 익은 살구를 한 입 베어 물고 싶지만 흔적조차 없다. 할아버지의 과실나무를 아직은 가슴으로만 키울 뿐이다.

소망 우체통

초등학교 5학년인 아이가 엽서 한 장을 손에 들고 골목길을 쏜살같이 달려간다. 벌써 몇 차례나 엽서 보내는 일에 열중이다. 엽서는 격주로 발행되는 과학 잡지 뒷장에서 오려낸 응모권이다.

아이는 학교에서 공부하는 과목 중에 과학을 싫어했다. 실험에는 흥미를 가지고 준비물을 챙기면서도 정작 문제풀이 단계에서는 금세 풀이 죽고 만다. 이런 아이를 보다 못해 조금이나마 도움이 될까 하는 마음으로 사진과 그림, 만화가 많이 담긴 과학 잡지를 받아보게 되었다. 처음에 시큰둥했던 아이는 점점 과학 잡지에 빠져 들었고, 몇 달이 지난 지금은 잡지가 배달되는 날을 손꼽아 기다릴 정도가 됐다. 이젠 과학 공부에도 제법 흥미를 붙였다.

과학 잡지는 아이에게 선물을 하나 더 주었다. 엽서 보내는 일을 가르쳐 준 것이다. 아이는 어느 날 잡지 뒤쪽의 응모엽서를 오려 낸 후 주소와 우편 번호를 물어 적더니 우체국이 어디 있는지 가르쳐 달라고 했다. 내가 때때로 소포물을 부치던 동네 우체국이 용케 큰길가에 있어 따라가 주었다. 우체국에 가서 엽서 한 장 넣는 일이 뭐 그리 대단한 일인지 되물을 수 있을지 모르겠다. 하지만 디지털에 익숙한 요즘 아이들이, 어찌 생각하면 번거롭고 귀찮게 여겨지는 아날로그 방식에 접근하는 일은 쉽지 않은 일이다.

경품을 타기 위해 엽서를 보내는 아이가 어떤 마음을 가질지 상상해 보면 웃음이 절로 나지만 상관없다. 엽서 한 장에 작은 희망 하나를 담아 보낼 수 있는 마음가짐만으로도 족하기 때문이다.

오래된 책장 구석에 남편과 나누었던 편지들이 상자에 담긴 채로 남아 있다. 대학시절 만난 남편과 결혼하기 전 나눈 편지가 수백 통이 넘는다. 남편이 군 생활을 할 때 나눈 편지도 그대로 보관하고 있다. 몰래 편지를 숨겼다가 휴가 때마다 되돌려 준 남편의 정성 때문에 결코 짧지 않았던 기다림의 시간이 고스란히 살아 있다.

지금처럼 인터넷 매체가 없던 시절, 사각봉투 속의 편지는 누구에게나 서로를 이어 주는 소중한 통로였다. '부모님 전 상서'로 시작되는 편지는 부모님들을 향한 감사의 마음이 담겼다. '사랑하는 ○○ 씨'로 시작하는 연인들의 편지는 설렘이 가득했고, '친구 ○○에게'는 편지 속에는 벗을 향한 믿음이 넘쳐났다. 그러나 지금은 편지를 넣고 행복한 기분으로 돌아설 빨간 우체통조차 좀처럼 구경할 수가 없다. 집으로 배달되는 우편물에도 감사와 설렘, 믿음 같은 것들을 찾을 수 없다. 온갖 광고물과 청구서들이 가득한 우편함을 뒤져 보는 것조차 겁이 날 때가 많다.

새해 해맞이 행사가 열린 우리 울산의 간절곶에는 '소망 우체통'이 만들어졌다고 한다. 그 우체통에 많은 사람들이 넣었을 소망이 무엇이었는지 알 수는 없다. 하지만 저마다의 소망으로 가득 채워질 우체통의 존재만으로도 사람들은 행복해 했을 것이다. 1980년대 추억이 묻어나는 옛날식 철제 우체통, 그 크기도 세계 최대 규모라 하니 사람들의 발길을 잡아끄는 것도 당연하겠다.

아직 간절곶 소망 우체통을 직접 보지는 못했다. 그래서 이 글을 쓰면서 작은 계획 하나가 생겼다. 조만간 소망 우체통을 찾아 편지 한 통을 넣어야겠다. '간절곶에서 소망을 간절하게 빌면 그해에 반드시 이뤄진다.'는 민담을 믿음 삼아 나와 이웃들의 간절한 바람이 무엇인가를 되짚어 보리라.

과학 잡지에 응모엽서를 보낸 아이의 마음이, 군대에 간 사랑하는 이에게 편지를 보냈을 때의 마음이 이런 것이었음이 분명하다. 벌써부터 누구에게 편지를 쓸지, 어떤 이야기를 쓸지…. 소망 우체통이 내 마음을 불러들인다.

진짜 휴가

"네모데이."

"구멍이더라. 히히."

"더럽데이. 으으."

"그래도 눠야 된데이. 크크큭."

피곤한 몸 때문에 나는 눈을 쉬 뜨지 못하고 있었다. 이른 아침 처음으로 볼일을 보고 나온 조카 둘이 내 옆자리에서 뒤척대는 아들에게 자기들이 먼저 겪은 재래식 변소 이야기를 들려주는데 키득대는 웃음이 반이었다.

해마다 여름이 되면 우리 네 자매 가족은 휴가 날짜를 맞춰 같이 여행을 하려 한다. 그러나 휴가 날짜를 다 맞추기 힘들어 대개 두 가족, 세 가족이 함께 휴가를 보내게 된다. 올해도 휴가날짜 맞추기 어렵다던 동생 가족이 어렵게 같이 해 몇 년 만에 네 가족이 함께 거제도 여행을 하게 되었다.

2박 3일의 짧은 일정을 보내고 돌아오는 길, 때마침 주말을 맞아 피서객이 몰려들어 한나절 넘게 거제도의 도로에 갇히는 바람에, 거제도와 가까운 고성에 있는 동생의 시댁에서 하룻밤을 묵어가기로 했다. 늦은 밤 폐 끼치는 일이라 망설여졌지만 혼자 계시는 노모가 오히려 좋아하실 거라는 제부의 말을 따르기로 한 것이다.

전날 대부분 차에서 잠든 아이들이 이른 아침에 한꺼번에 깨어 할머니를 따라 변소에 갔다 온 모양이었다. 이젠 시골에서 자란 나조차 재래식 화장실에 앉아 볼일을 보기가 여간 괴로운 것이 아니었다. 하물며 도시에서 자란 아이들은 말해서 무엇하랴. 기겁을 했을 아이들이 시골 할머니의 재촉에 못 이겨, 생리적 본능에 못 이겨 한 사람씩 볼일을 보고 나왔을 것이다.

좀체 끝나지 않을 것 같은 아이들의 변소 이야기를 뒤로하고 푸석한 몸을 일으켜 마당으로 나섰다. 상큼한 시골의 새벽바람이 코끝을 스쳤다. 나선 김에 산책도 할 겸 시골마을을 돌아보고 싶었다. 칠이 벗겨진 낡은 대문을 지나 골목길에 들어서자 사람 손으로 차곡차곡 쌓아올린 돌담이 반겼고 돌담을 덮은 호박 넝쿨 속에서 아기 주먹만 한 애호박의 모습도 눈에 들어왔다.

몇 걸음 더 옮겨 골목을 빠져 나오니 바로 눈앞에 밭과 논들이 펼쳐졌다. 마을은 열 가구가 될까 말까 한 정도로 한눈에 보기에도 작은 편이었지만 뒤로는 나지막한 산이 둘러싸고, 앞으로는 들이 펼쳐져 있어 포근한 느낌을 주었다.

잠시 후 아들과 조카 넷이 우르르 몰려 나왔다. 다섯 살 세웅이가 형과 누나들에게 개구리를 잡으러 가자고 한 모양이었다. 이곳 제 할머니 댁에 들를 때마다 쫓아다녔다던 개구리 잡기를 또 하는가 보다. 아이들이 뛰어간 조그만 개울 길에서 놀란 개구리들이 이리저리 뛰었다. 여자아이들은 기겁을 하며 뒤로 물러서고, 남자아이들은 어설픈 손짓으로 개구리를 잡으려 하지만 생각처럼 쉽게 잡힐 리는 없었다. 약이 올라 개구리를 잡느라 이리저리 뛰어다니는 아이들 사이로 세웅이 할머니께서 소쿠리를 안고 나오셨다. 아침찬거리로 상추를 뜯어야겠다고 하셔서 나도 아침 이슬을 받아 반짝이는 상추밭으로 따라갔다.

세웅이 할머니는 '진 장마 끝이라 남새들이 이 모냥'이라고 푸념하면서도 고운 것들만 잘 골라 뜯었다. 그 어른의 뭉툭한 손끝에서 아련한 시골푸성귀 냄새가 피어났다. 세웅이 할머니와 나는 소쿠리 넘치도록 상추를 뜯은 후 밭 근처에 있는 동네 샘으로 가져갔다.

벌써 삼십 년이 다 돼간다는 샘은 원래 산물이 흘러내려 고이는 옹달샘이었다고 한다. 그런데 새마을 운동이 한창이던 시절에 콘크리트로 개량을 해 위쪽엔 샘터, 아래쪽엔 빨래터로 만들었다 한다. 여름에 시원하다 못해 손 시릴 정도로 차가워 냉장고 없던 옛날엔 마을 집집마다 김치 항아리 담그고 수박 띄웠다던 그 샘 바닥엔 물이끼가 살포시 앉아 있었다. 얼른 보아서는 콘크리트인지 그냥 돌인지 구분이 되지 않았다. 아, 사람이 만든 것도 세월의 나이테를 두르면 저렇게 자연을 닮아 있구나 하는 생각에 가슴까지 저림을 느꼈다.

무룡산에서 내려오는 물길이 우리 집 앞을 거쳐 갔다. 그래서 대문만 넘어가도 사시사철 마르지 않는 개울이 있었다. 지금은 택지로 개발되어 물길조차 사라져 버렸지만 우리는 그 개울 덕을 참 많이도 누렸었다. 반반한 반석돌마다 네 자매의 빨랫돌이 돼 주었고 조금 위쪽에는 셋째 삼촌이 물을 막아놓아 여름 내내 물놀이를 할 수 있었다. 또 어느 해 여름에는 장마가 심해 불어난 개울물이 마당까지 넘쳐 들어왔는데 비가 그쳐 물이 빠지고 나니 흙 마당에 미꾸라지와 아이 손바닥만 한 붕어 같은 물고기들이 퍼덕이기도 했었다.

이젠 이곳도 세탁기 없는 집이 없고 수도도 다 설치 돼 있어 날이 갈수록 파래만 앉는다며 물이끼를 휘휘 거둬 내는 세웅이 할머니의 말소리가 잠겼다.

드디어 초등학교 2학년인 아들 성민이 녀석이 개구리를 잡았다며 흙이 잔뜩 묻은 두 손을 보아란듯이 얼굴 가까이 들이

밀었다. 난 놀라서 두 손을 내저었지만 아이의 얼굴에는 의기가 넘쳤다. 발그스름한 아이 얼굴에서 설렘과 득의양양함이 뿜어져 나와 어떤 다른 말도 할 수 없게 만들었다. 개구리 담을 통을 찾아 주겠다는 할머니 뒤를 아이는 졸래졸래 따라갔다. 그러자 다은이가 개구리를 잡아달라고 떼를 쓰기 시작했다. 또래여서 그런지 여러 면에서 성민이한테 유난히 지기 싫어하는 동생네 딸 다은이는 개구리 잡기에서도 지는 것이 싫은 모양이었다. 물컹한 감촉이 떠올라 잠시 망설여졌지만 곧 나는 뚝뚝 물 떨어지는 상추 소쿠리를 받쳐두고 도랑으로 갔다. 발길이 닿는 곳마다 작은 개구리들이 도망을 가느라 정신없이 뛰었다. 허리를 잔뜩 숙인 후 손을 뻗어 덮쳐 보았지만 개구리는 좀처럼 잡히지 않았다. 어느새 돌아온 아들 녀석과 조카들이 연신 개구리를 놓치는 내 모습을 보고 깔깔거렸다. 아이들의 밝은 웃음소리가 시골의 아침을 가득 채웠다.

얼굴을 들고 맑은 하늘을 보는 순간 '아, 이게 진짜 휴식이구나.' 하는 짧은 후회와 안도가 교차했다. 사실 사람에 밀리고 차에 갇히고 바가지 상혼에 치인 2박 3일 여행길에서 얻은 것은 여행 내내 내 손에 들린 빈 물병 무게만큼 미미했다. 마치 정해진 행사라도 치르는 것처럼 해마다 여름이 되면 전국 지도를 펴놓고 고생길을 찾아 나섰던 우리는 진정한 휴식의 의미조차도 몰랐던 것이다. 그런데 우연히 만난 이 아침의 짧은 시간이 가슴을 열게 하고 땅을 밟게 하고 맑은 샘물에 손을 담그게 하고 아이들의 쾌활한 웃음소리를 쏟아내게 할 줄이야.

울산으로 돌아오는 차 안에 시골의 햇살과 바람이 가득 담겨 따라왔다. 진짜 휴가를 보낸 아이들 얼굴과 푸릇푸릇한 상추 안에 녹아든 햇살과 바람이 우리 가족 모두를 기분 좋게 해주었다.

길 위의 그녀

'카-톡' 그녀였다.

— 어느 순간부터 내가 울지 않고 씩씩하게 걷고 있더라구요. 이젠 돌아갈 수 있어요. 오늘 완주했어요. — 그녀가 제주 올레길 걷기를 말한 적이 있다. 버킷리스트 중 하나라며 말끝을 흐릴 땐 희망사항인가보다 했다.

지난 4월 초에 노조가 해산되었다. 창립 만 3년 집행부 임기 만료 두 달을 앞두고 총회에서 해산 결정이 났다. 과반수가 안 되는 결정권 없는 차기 노조를 이끌어갈 집행부가 쉬 나서지 않았기 때문이었다.

노조 집행부가 노조원들의 지지를 잃기 시작한 것은 작년 이맘때부터였다. 노조위원장은 노조원들의 의사와 상관없이 회사와 차별시정과 관련된 법정공방을 벌이고 있었다. 그녀는 정부기관인 회사가 울산혁신도시로 이전하기 전인 경기도 안양에서부터 13년째 근무 중인 몇 안 되는 상담사였다. 그녀는 노조위원장이 되자마자 상담사와 상담 공무원들의 업무가 별반 다르지 않는데도 여러 가지 차별을 받고 있다며 노동위원회에 이의를 제기했다. 중앙노동위원회는 지방노동위원회의 판결을 뒤집고 그녀의 손을 들어주었다. 하지만 회사는 중앙노동위원회의 판결을 행정소송을 통해 무력화시키고 말았다. 회사는 그녀가 노조위원장으로서 노조원들의 지지를 얻지 못한 점을 집요하게 파고들었고 결국 노조를 와해시켰다.

잔인한 4월의 마지막 날, 노동조합 청산위원회 일도 마무리되었다. 노동조합 해산 신고와 남은 조합비 처리 문제 등을 부위원장인 내가 조합 임원들과 처리하게 되었다. 휴게시간에 회사 내부 통신망으로 전체 공지를 띄우고 나니 조합원들의 권리신장을 위해 나름 애썼던 지난 3년간의 시간들이 허망해졌다.

그 순간 답장 메시지가 화면에 떴다.

"차암 허탈하지요…우리 산행 가요."

그녀가 부산 금정산을 가자 했다. 날짜를 적은 일정표에 장군봉, 계명봉, 고당봉 하며 낯선 산봉우리 이름 사이에 줄표를 넣어가며 행선지를 올렸다. 산행 얘기 속에 숨은 그녀의 마음이 읽혀져 가슴이 먹먹해졌다.

약속한 날 아침 일찍 시외버스터미널로 갔다. 입구에서 완벽한 등산 차림새를 갖춘 그녀를 보며 난 당황했다. 버스에서 그녀는 얘기 도중에 짬짬이 휴대폰을 만지작거렸다. 노포에서 지하철을 타고 다시 범어사행 지선버스를 타고 금정산 입구에 도착하니 9시가 가까워졌다. 그녀는 갑자기 더 서두르기 시작했다. 금세 더워지니 빨리 산에 오르자 할 때 그제야 난 내가 아무런 준비 없이 진짜 등산을 하게 됐단 사실을 깨닫게 되었다. 짧은 티셔츠를 걸치고 편한 운동화를 신고 온 내 모습이 걱정되었다.

"우짜죠, 제가 요런 모습인데요…."

그녀가 편치 않은 웃음을 보이며 오른팔을 산 쪽으로 꺾어 올렸다. 그이는 출발할 때부터 척 알아봤을 것이다. 그런데 왜 그렇게 나섰느냐고 묻지도 따지지도 않고 버스 안에서 조잘대기만 하는 나 몰래 짬짬이 산행 경로를 검색하느라 애를 썼다.

"못 묵아도 고go란 말이죠? 유유."

농담 한 번 건네고 내가 앞장을 서는 호기를 부렸다. 초입에는 길도 번듯하고 수월하다 싶었으나 본격적인 산길로 접어들자 미끄럽고 가팔라서 숨이 차기 시작했다. 더군다나 어디쯤에선 구불구불 뱀이 나타나 혼비백산하게 만들었다. 그녀는 아침엔 햇볕에 몸을 말리러 나왔을 거라며 나를 안심시켰다. 등산객들이라도 좀 있었으면 좋으련만 주중이라 그런지 어쩌다 한두 명이 보이다간 어느 길로 갔는지 보이지 않았다.

그녀는 내 생각과 달리 노조 얘기를 하지 않았다. 최고봉인 고당봉을 목표로 오르는 내내 자신이 나고 자란 월악산 산비탈 고향 마을 얘기를 했다. 어릴 때부터 산을 오르내려서 웬만한 산은 다 다녀봤다는 사실을 그날 알게 되었다. 그래서인지 나만 헉헉 대며 "쉬었다 가요."를 반복했다. 너럭바위에 앉아 그녀가 준비해온 간식을 먹으며 목적지를 향해 나아갔다.

그런데 그녀가 고당봉으로 가는 산행 지도를 집에다 두고 온 것을 갈림길에서 알게 되었다. 머리 위로 보이는 커다란 봉우리가 목표지점일 거라며 서로 위안의 말을 나누며 올라갔다. 겨우 오른 곳은 장군봉이었다. 산속에서 방향 감각을 잃은 우리는 결국 최고봉인 고당봉 산행도 버리고 적당한 곳에 퍼질러 앉아 늦은 점심을 먹었다.

"꼭 찍어 먹어봐야 된장인지 똥인지 안단 말인지…."

흰밥에 김치와 몇 가지 찬을 싸 온 도시락을 펼쳐두고 그녀가 산 입구 마트에서 구입한 막걸리 한 잔을 들이켜더니 불쑥 한마디 내뱉었다. 종이컵을 입에 대기만 하려던 나도 그냥 다 마셔버렸다.

"아직은 세월이 더 필요해요. 그래서 더 많이 설명하고 설득하는 시간이 쌓여야겠지요."

그녀로서는 지난 10년의 세월 속에서 더께처럼 쌓인 울분으로 다급해졌을 것이다. 그동안 차별과 어긋난 약속들을 지키라고 거대한 회사와 싸웠다. 이것은 우리 근로자들의 정당한 권리임을 거듭 설명하며 지지를 구하려 안간힘을 다했지만 '안양에서 내려온' 이란 수식어를 붙이는 한 무리의 그들은 배타적인 태도로써 끝내 돌아보지 않았다.

그날 우리는 부산 금정산에서 7시간을 헤맨 끝에 양산시 어느 산길로 내려왔다. 나는 세 번이나 비탈길에서 미끄러졌지만 다행히 크게 다치진 않았다. 그녀는 등산 가방에서 무릎보호대와 접이식 스틱까지 내게 건네주고 나를 데리고 무사히 하산하느라 진땀을 뺐다. 최고봉인 고당봉으로 가는 어느 길목에서 길을 잃은 우리가 갈림길마다 나뭇가지에 표지해둔 노란 시그널마저 보지 못했더라면 양산으로라도 내려오지 못했을 것이다.

지난 시간 노동조합 일도 이랬던 것 같다. 만반의 준비를 갖추고 목적지를 향해 전력 돌진하는 위원장과 달리 부위원장이었던 나는 험한 산행을 할 것이란 걸 미처 깨닫지 못하고 허술한 차림새로 그냥 따라 나선 것처럼 그녀의 목적을 반신반의하며 그냥 엉거주춤 따라갔던 것은 아니었을까.

그날 많은 이야기 중에 그녀의 열 가지 버킷리스트를 들었다. 경비행기를 타고 하늘 길을 날고 싶다, 혼자 인도 여행을 가고 싶다, 올레길을 걷고 싶다 ….

'카톡' 다시 보내온 화면을 보니 제주올레 완주증서였다. 그녀의 이름 석 자가 또렷하다. 그렁그렁해진 눈물을 다 쏟아내고, 울분에 찬 얼굴을 식히고, 벌벌 떨리던 손짓을 거두고, 깊어진 가슴바닥을 가지고 돌아왔을까.

부산으로 올라가 양산으로라도 내려올 수 있게 해준 그 노란 시그널처럼 권리 찾기의 길에서 헤매는 우리들에게 또렷한 표지로 남아 달라 말해야지. 뜨거운 삼계탕이 먹고 싶다는 그녀를 빨리 만나고 싶다.

4부

언니의 바다

늦가을 바람에 땀이 다 식어갈 즈음, 엷은 웃음과 함께 말문을 열었다. 그랬을 것이다. 언니가 본 것은 조용한 바다였을 것이다. 높은 산에서 멀리 바라다본 바다, 파도도 치지 않는 잠잠한 바다, 늦가을의 조용한 바다를 보며 언니는 절망으로 출렁거렸던 가슴속 격랑들을 조금씩 진정시키고 있었던 것이다.

본능적으로

"본능적으로 느껴졌어/ 넌 나의 사람이 된다는 걸/ 처음 널 바라봤던 순간/ 찰나의 전율을 잊지 못해/ 오-오-오-"

몇 해 전 슈퍼스타를 발굴하는 노래경연대회에서 은빛 비늘 솟구치는 물고기처럼 떠오른 노래를 휴대폰으로 틀어놓았다. 시작부분이 매력적이다. 중간 가사는 대충 얼버무리고 "내가 택했던 그녀를 난 믿겠어…." 귓속으로 파고드는 구절만 따라 부른다. '오-오-오-' 반복되는 후렴구는 큰소리로 불렀다.

그날 오후, 한 달째 병가를 내고 요양 중인 남편이 몹시 갑갑하다고 했다. 소파에 누워 있다가 갑자기 일어나 앉은 남편의 얼굴이 많이 일그러져 있었다. 몸이 아픈 만큼 마음도 위축되는지 집 안에만 있는 시간을 힘들어 하는 날이 많았다. 남편은 벌써 옷을 갈아입고 차 열쇠를 집어 들었다. 안쓰러운 마음에 얼른 핸드백을 들고 따라나섰다.

장마 한가운데여서인지 하늘도 잔뜩 흐렸다. 딱히 갈 곳을 정하진 않았지만 남편이 가는 곳을 안다. 동해가 가까이 보이는 주전바닷가이다. 남편은 불편한 몸을 이끌고 몇 차례나 나를 그곳으로 데려갔다. 오늘은 차 안에서도 거의 말이 없다. 꼬불꼬불 옛길 옆으로 시원스레 큰 도로가 새로 나 있다. 어느 쪽이 좋으냐고 내게 묻는 것도 잊고 새 길로 휭하니 달려갔다.

평일 오후라 그런지 바닷가는 한산했다. 해안도로를 따라 주차할 곳을 찾으며 계속 나아갔다. 하늘빛은 출발할 때보다 더 어두워져 금방이라도 비가 쏟아질 것만 같았다. 그냥 다시 돌아가야 할지도 모르겠다 싶을 때 남편이 바다가 정면으로 보이는 곳에 차를 세웠다. 때마침 가랑비가 제법 흩뿌리기 시작했다.

차 트렁크 안에 우산이 있었지만 굳이 내릴 생각은 없었다. 안전띠를 풀고 의자를 뒤로 밀며 긴장을 놓는 남편이 보였다. 나도 조용한 음악을 켜고 누울 듯이 의자를 젖히느라 부스럭댔다. 겨우 자세를 잡고 보니 향 좋은 커피라도 마셨으면 좋겠다 싶어 남편 의중을 물어보려는데 그가 앞쪽을 보며 씩 웃고 있었다.

그 눈길을 따라 갔다. 대학생으로 보이는 청춘남녀 몇이 물가에서 장난을 치고 있었다. 이른 해수욕을 즐기러 왔는지 한

쪽엔 큼직한 텐트도 보였다. 다섯 명의 남자들이 괴성을 지르며 한 사람씩 바닷물에 몸을 던지기 시작했고, 여자 세 명은 멀찍이 떨어져 깔깔거리며 그들의 호기를 지켜보았다.

"함 봐라. 조금만 있으면 절마들이 여자애들을 물에 빠뜨릴기다. 순서는 정해져 있데이. 첫 번째는 못 생긴 애, 두 번째는 이쁜 애, 그도 저도 아닌 애는 그냥 내비 둘 걸…."

"왜요?"

난 '설마?' 하며 못 미더운 부사어를 써야 할 순간에 엉뚱하게도 꼭 그렇게 할 수밖에 없는 마땅한 이유가 있는 듯 남편의 말에 끌려갔다. 나도 모르게 정말 그럴까 하며 일거수일투족을 감시하듯 보게 되었다.

그런데 정말 몇 분 후 다섯 명의 '절마'들이 우르르 달려가 누가 봐도 '춘향이'가 아닌 '향단이'를 포획하더니 차가운 바닷물 속에 빠뜨리는 것이 아닌가. 그러고는 친구의 봉변에 놀라 입을 가리고 있는 '춘향이'를 향해 경쟁하듯 달려들었다. 춘향이 옆에는 이몽룡이 있기 마련인지 물에 빠져 버둥대는 그녀의 손을 잡아주는 매력남이 보였다. 아직 정신을 차리지 못한 '향단이'는 청춘남들의 관심 밖에 있었다. '절마'들 중에는 '방자'는 없었다. 난 호기심에 차서 '춘향이'가 정말 미인인가를 보려고 애썼지만 거리가 있어서 알 순 없었다.

결혼 이후 처음으로 단단히 아픈 상황에 놓인 남편은 나약하게 흔들렸다. 2주간의 대학병원 입원 치료를 끝내고 집에 쉬면서도 회사생활의 긴장감에서 벗어나지 못했다. 새벽마다 한 움큼의 약을 먹어야 하고, 그 부작용으로 복통이 생겨 위장약을 먹어야 하는 힘든 나날이 계속됐다. 병가 기간이 마치 긴 장마 같다고 했다.

그런 그가 저들을 보며 웃음을 보이고 있다. 남편은 마치 영화 세트장에서 배우들을 지휘하는 감독 같았다. 아니 감춰둔 자신의 과거사를 고백하는 순간이었다.

"저걸 어떻게 알았대요, 응?"

"……본능적으로……."

남편의 말을 종합하면, 남자 5명 여자 3명이면 짝이 맞지 않으니 자연적으로 수컷들의 경쟁이 있을 수밖에 없단다. 예쁜 여자를 차지하기 위한 젊은 수컷들의 본능을 따라가 보면 쉽게 유추할 수 있다는 것이다.

남편은 그 사이 훌쩍 30년의 세월을 건너 청춘으로 돌아가 잠시나마 '절마'들 중의 하나가 되었던 모양이다. 그 짧은 시간 남편은 아프지도, 절망하지도 않았다. 눈은 빛나고 뺨은 붉어 노을처럼 아름답게 보였다. 본능이 살아있는 남편, 죽진 않겠구나 싶었다.

동네 한 바퀴

여름 낮은 길기도 하다. 해가 한풀 꺾였다. 늦둥이 둘째가 바깥에 나가자고 부엌일하고 서 있는 내 치맛자락을 감고 돈다. 더 이상 버틸 재간이 없다. 현관으로 나오니 아이는 제가 좋아하는, 철 지난 캐릭터 신발을 굳이 신으려 한다. (그래, 네 맘대로 하렴.) 아이에게 또 져준다. 큰애 키울 때와는 확실히 달라진 내 모습이다. 10여 년 전, 큰애는 고분고분했었다. 아니 큰애를 키울 때는 아이보다 내가 먼저 안고 나섰고, 아이가 신발을 골라 신을 틈을 주지 않았다.

계단을 내려간 아이는 나들이용 제 자전거 앞으로 달려가서 나를 기다린다. (그래, 이 녀석아.) 안 그래도 걸어서 간다고 할까 봐 걱정이었다. 의자 뒤엔 높은 손잡이가 달려 있어 슬렁슬렁 밀어도 되는 자전거가 아이와 외출할 때 아주 편하다. 오늘은 쿵짝 맞는 날이구나 싶어 발걸음도 가벼웠다.

대문을 나서니 길 맞은편 개인택시 아저씨 집 담 너머로 참다래덩굴이 축축 늘어져 있다. 깊은 산속에서나 볼 수 있는 다래를 이렇게 도심 주택가 한가운데서 볼 수 있다는 것은 행운이다. 참 귀한 구경을 한다는 마음으로 담장 아래서 덩굴 더미를 자세히 올려다보았다. 엄지손가락만 한 열매가 달렸다. 열매가 익으면 몇 개 얻어먹을 수 있을까. 저무는 빛에 눈부셨다. 아이가 나를 보다 하늘을 보다 자전거 핸들을 휙휙 꺾어댄다. (알았다, 이 녀석아.) 딴 데로 어서 가자는 게다.

아이가 이쪽, 이쪽 하며 손짓하는 세탁소 쪽으로 방향을 틀었다. 이른 여름부터 빨간 장미덩굴이 유난한 집이 눈에 들어온다. 주인이 지방선거에서 구의원에 당선되었다는 얘길 들었다. 담장이 없는 그 집은, 길가에서도 정원을 천천히 감상할 수 있다. 돌 틈 사이로 보이는 봉선화에 발걸음을 멈추고 서니, 아이는 작은 연못의 꼬물거리는 물고기에 빠져 자전거에서 툭탁 내려선다. '고기, 고기….' 하며 잡아달라 떼쓸까 봐 눈치보고 있으니 물고기를 물끄러미 보고만 있다. 아직 뭘 모르는 게다. 다행이라고 생각하며 눈을 들어 다음 길을 물색한다. (그래, 슈퍼 쪽으로 가야겠다.) 그 길은 우리 동네길 중에서 제일 넓다. 그래서 구경거리가 많고 아이가 저건 뭐야, 왜, 또, 하는 단어를 입에서 마구 늘어놓는 길이기도 하다.

그런데 오늘은 더 내가 놀라운 걸 발견했다. 슈퍼 가까이서 수세미가 덩굴 사이로 길쭉길쭉 보이는 집이 있었다. 뿐만 아니었다. 초록빛 모과가 달린 집, 석류나무, 대추나무를 키우는 집들이 눈에 들어왔다. 이 동네에서 터를 잡은 지도 10년이 훌쩍 넘었는데 그동안 눈여겨보지 않던 나무를 보았고, 그 집 주인들의 모습을 나무들을 통해 만날 수 있었다.

어린 시절, 우리 동네에도 집집마다 감나무 한 그루는 있었다. 연두 잎사귀, 절인 풋감, 홍시 서리, 또 새 옷에 감물 들여서 엄마한테 무섭게 혼나던 일 등이 주르륵 감꽃 목걸이같이 엮여 떠오른다. 뒷집 고산할매 도감 나무는 당시 흔히 못 보던 감 종류였다. 크고 시원해서 홍시로는 그만이었다. 그래서 홍시를 주워 먹겠다고 이른 새벽 졸린 눈을 비빈 날도 많았다.

어느덧 내 손은 아이의 자전거를 여자중학교 쪽으로 돌리고 있다. 동네 한가운데 있는 이 학교는 모교다. 도심에 있는 중학교로 진학한 후 아침마다 차멀미를 하며 얼굴이 하얗게 질린 채 걷던 흙길이 생각났다. 30여 년이 지난 지금, 내가 다녔던 학교와 이렇게 가깝게 살게 될 줄이야. 그때 차멀미 하지 않아도 되는 이 동네에 살았으면 하는 바람 때문이었을까.

교문 앞에서 문구점을 하는 아저씨가 알은체를 한다. 아이들의 하교 시간도 한참 지나서인지 한가로워 보인다. 나도 인사를 건네며 잠시 섰다. 문구점 아저씨는 놀랍게도 내가 이 학교에 다니던 그 시절부터 지금까지 가게를 하고 계신다. 큰아이가 중학생이 된 후, 문제집을 구하기 위해 문구점에 처음 들렀을 때 기억 속의 그 주인아저씨를 보니 반가웠고, 나는 다시 단골이 되었다. 내가 학교에 다닐 때 담벼락을 따라 막대기 같은 측백나무를 심었는데 그 나무가 지금은 가지가 축축 늘어진 거목이 되어 있다. 문구점 아저씨도 세월의 나이테를 두른 큰 나무 같은 모습이었다.

아이는 운동장을 무조건 달린다. 넓은 공간이어서 좋은가 보다. 나도 편한 마음으로 내버려 둔다. 아이는 자전거 뒤에 실어둔 고무공을 꺼내 따라 다니느라 바쁘다. 운동장 한쪽에는 이름표를 단 나무들이 빼곡하다. 무궁화, 종려나무, 팔손이, 비자나무가 있었다. 책에서 읽었던 비자나무를 눈으로 익히느라 한참을 들여다보다가 (아 참, 작은놈….) 뛰어다니던 아이도 지친 기색으로 내 쪽으로 오고 있었다.

해가 거의 다 넘어갔다. 노을이 아름답다. 제 자전거에 스스로 올라타려고 기를 쓰는 아이의 등을 살짝 잡아주었더니 혼자 한단다. (오냐, 이놈아.) 속으로 웃으며 집으로 향한다.

정작 우리 집 마당에는 나무가 없다. 시멘트로 덮어버린, 좁은 마당을 보면서 언젠가부터 동네 이웃집들의 나무들을 보는 버릇이 생겼다. 아니 마당 한구석에 심을 나무를 고르고 있다. 당분간 나무 고르는 일은 계속될 것 같다. 어느새 마당에 있는 수돗물을 틀어 놓고 물장난에 빠져버린 아이, 마흔이 넘어 선물같이 얻은 이 아기나무를 키우는 일에 우선순위를 매기고 싶다.

어쩌다가 한 번씩 함께하는 동네 한 바퀴 속에서 아이는 자라고 나는 숨돌린다.

두 자릿수 곱셈

현관문을 밀고 들어서니 인기척을 확인하는 친정엄마의 목소리가 들려왔다. 약속이 두어 건 있었는데 시간 틈이 져서 잠시 친정에 들른 참이었다. 추운 날씨에 보일러나 돌리고 지내느냐며 방문을 여니 엄마는 연필을 잡고 끙끙대다 나를 올려다보셨다.

"야야, 요새 산수시간에 이거 배우는데 너무 에럽다." 엄마는 밥상 위에다 펼쳐 놓은 산수 문제집을 내밀었다. 두 자릿수 곱셈 문제들이 빼곡하게 차 있어 언뜻 보기에도 복잡하였다.

친정엄마는 집 근처에 있는 복지회관 한글반 수강생이시다. 예순을 넘기고 아버지를 따라간 그곳에서 어릴 때 놓친 배움의 끈을 잡기라도 하신 듯 5년도 넘게 수료를 거듭하고 있다.

"엄마, 이거는, 너무 복잡해서 이해하기도 어렵고, 안 해도 되는데…." 나는 아직 구구단도 떠듬거리는 엄마의 실력을 떠올리며 자릿수에 맞게 교차되게 곱하고 또 더하기를 암산하기도 해야 하는 두 자릿수 곱셈 공부를 하지 않아도 된다고 말하며 엄마 스스로 포기하기를 바랐다.

부엌에 가서 커피를 타 올 때까지 엄마는 구구단 표를 들었다 놨다 지우기를 반복하고 있었다. 알았다며 듣는 척하고는 다시 끙끙대셨다. 엄마가 저토록 벅찬 문제에 매달리는 이유는 무얼까?

안방 벽에 걸린 세 개의 사진틀이 눈에 들어왔다. 할아버지, 할머니 그리고 지난해 돌아가신 아버지의 사진이 이 광경을 내려다보고 있다. "너그 아부지는 차근차근 잘 갈차주는데…." 엄마의 중얼거림은 아직도 아버지의 부재를 인정하지 않는 현재형이다. 가슴이 미어져 할 수 없이 엄마에게 다가앉았다. 먼저 곱하는 순서를 알려주었더니 엄마의 얼굴이 확 밝아지셨다. 그러나 자릿수의 옮김과 총합을 해야 하는 여러 단계를 몇 번이나 엄마는 계속 물어보고도 자꾸 틀리셨다.

약속 시간이 되어 집을 나서다 엄마에게 편하게 쉬라고, 이제 와서 두 자릿수 곱셈이 아무런 필요가 없으니 하지 말고 쉬운 것만 하라 거듭 당부했지만 엄마는 듣는 척만 한다는 것을 나는 알고 있다.

술자리가 될까 봐 차를 두고 나왔기에 가까운 약속 장소까지 걸어갔다. 찬바람이 옷깃을 파고들어 목도리를 감아올리다 조금 전에 보았던 두 자릿수 곱셈이 가득하던 문제집이 눈앞에 클로즈업되었다.

십여 년 전, 큰 아파트 건너편에서 남편과 학원을 운영할 때였다. 글쓰기와 웅변, 미술 등 예체능을 가르치는 학원이었지만 초등학생이 대부분 수강생이었던 터라 학과목 문제집을 풀게 해달라는 몇몇 학부모들의 바람을 뿌리치지 못하고 정규 시간 외에 계산을 반복적으로 하는 계산문제집을 채택해 아이들에게 매일 풀도록 하였다.

얼마 뒤 할머니가 손자를 데리고 등록을 하러 왔다. 맞벌이 부모 대신에 낮에 손자를 뒷바라지한다며 그 아파트에 사는 누구네 엄마가 이 학원을 소개해줘 왔다고 했다. 수줍음 많은 재완이가 좀 활발해지고 재밌게 다녔으면 좋겠다고 허리 굽혀 부탁하셨다. 모습도 곱고 말씀도 아주 잘하셔서 좋은 할머니를 둔 재완이가 더 돋보였다.

서너 달의 시간이 흘러 재완이도, 나도 처음의 긴장감이 차츰 풀어지고 편해져 있을 때였다. 주말을 앞둔 어느 저녁 시간에 재완이 할머니가 전화를 하셨다. 이제 그만 학원을 그만 끊겠다는, 뜻밖의 말씀이셨다. 나는 숨을 가다듬고 이유를 여쭈었더니 탁한 목소리로 말씀을 꺼리셨다. 한참만에야 문제집

답이 다 틀렸는데 엉터리로 매겨져 있다고, 이런 학원은 보낼 수 없다는 것이었다. 순간 머릿속이 얽히고 기분이 울컥해져서 당장 찾아뵙겠다고 했다. 옆에서 상황을 눈치챈 남편은 그만두라는 손사래를 쳤으나 나는 매달렸다. 원서에서 아파트 호수를 찾아가니 재완이 할머니는 굳은 표정으로 덤덤하게 나를 맞았다. 가끔씩 학원을 찾아왔을 때 보여주던 미소와 자상함은 어디로 갔는지 끝내 나를 이해하지 못하겠다는 말씀을 되뇌셨다.

말보다 눈물이 먼저 났다. 걷잡을 수 없이 눈물을 흘리면서 나는 변명을 해댔다. 수학문제집 채점은 내가 잘 하지 않는다, 6학년 학생에게 빨간색 연필로 매기라고 하는데 그 녀석이 다 맞았다고 한 것 같다. 글쓰기를 가르치는 나로서는 십 년 넘게 수학공부를 할 일이 없어 잠시 착각했노라고 읍소를 했다.

재완이 할머니는 당신이 서울에서 자랐고 사범고등학교 출신이라시며 절대로 그런 일은 있을 수 없다고 잘라 말씀하셨다. 나는 그 순간 투박한 사투리를 쓰며 꺼칠한 손으로 머리를 쓰다듬어 주시던 내 할머니를 떠올리며 모든 것을 포기했다. 그분께 다른 것을 원한 것은 아니었다. 그럴 수도 있겠다고, 이해할 수도 있겠다고 하는 그 말씀을 듣고 싶었는데…. 서울내기 할머니였을 뿐이었다.

차 안에서 나를 기다리는 남편에게 걸어가는 길이 깜깜해서 참 다행이라고 생각한 그날이었다.

두 자릿수 곱셈은, 함께하던 배우자를 갑자기 잃은 엄마에게 복잡한 문제집으로 아픔을 무디게 해주고 내게는 세상이 호락호락한 것이 아니라는 것을 깨우치게 해주었다. 약속 장소가 가까워지고 있었다.

근처 1

잠깐 누웠는데 나도 모르게 잠이 들었다. 무엇인지 분간할 수 없는 의식 속에서 눈을 뜨지 못한 채 몸을 뒤척였다. 거대한 파도가 마을을 덮치고 집이 떠내려가고 아이를 안은 여자가 쓸려가는 도시를 보며 오열하고 있었다. 수백 명의 주검 속에서 가족을 찾는 사람들, 딸의 손을 놓을 수밖에 없었다며 자책하는 엄마의 절규를 보며 나도 모르게 그 가족이 되고, 엄마가 되었다. 텔레비전에서 본 것을 기억한 것인지, 꿈이었는지도 알 수 없었다.

옆에서 보채는 아이 때문에 눈을 떴지만 혼미한 의식 속에서 좀처럼 빠져 나오지 못했다. 욕심내어 뻗친 이일 저일 때문인지 단단히 몸살이 났고, 모든 감각이 제거된 듯 옴짝달싹 못했다. 연일 보도되는 일본 대지진 뉴스를 애써 외면하다가도 나도 모르게 눈길을 주고 있었다. 자연의 재앙 앞에서 맥없이 무너져 내리는 사람들의 모습이 녹화테이프처럼 되감기를 해댔다. 내 의식도 마취되어버렸으면 좋겠다는 생각을 잠시 했다.

그날 저녁, 오랜만에 기분 전환이나 하자는 남편을 따라 온 가족이 태화강대공원으로 나섰다. 강변이나 걸어보자며 나선 길이었는데 나는 썩 내키지 않았다. 태화동 어디쯤 잘 정비된 산책로를 통해 공원으로 걸어 들어갔다. 집을 나설 때 문수산 너머에 걸렸던 해가 어느새 넘어가 버렸다. 칠흑 같은 어둠이 찾아왔다.

봄밤이 싫었다. 익숙지 않은 어둠이 무서웠다. 산책로 곳곳에 가로등이 켜졌지만 어둠을 몰아내기엔 역부족이었다. 남편 옷자락을 잡고 겨우 길을 걸어가는데 새로 만든 수로에서 물소리가 들리자 남편은 아이를 안고 먼저 징검다리를 건너갔다. 앞서가던 남편과 아이의 형체가 잠시 뒤돌아서 내 쪽을 보는가 싶더니 더 먼 곳으로 걸어가 버렸다. 순간, 난 한 발도 떼지 못하였다. 따라가야 할 것 같은 마음과 떨어지지 않는 발걸음 사이에서 여러 감정이 뒤엉켰다. 불빛에 일렁이는 물결 사이로 슬픔과 두려움이 흘러내렸다.

"엄마는 왜 안 와?"

나를 찾는 아이의 목소리가 들렸다. 이것이 영영 헤어지는 길이라면… 하는 생각에 이르렀다. 그만 내게로 돌아오라고 고함치고 싶었지만 목이 메어 소리는 잠기고 말았다. 이른 봄 밤은 추웠고, 수로를 사이에 두고 가족과 떨어진 것이 애가 탔다. 내가 선 곳이 이승인지 저승인지 몰라도 사랑하는 사람들과 헤어지는 순간을 상상하는 것만으로도 가슴이 먹먹해졌다.

강물도 소리 죽여 흘렀다. 저승 가는 길에 건넌다는 강물에도 징검다리가 있다면…. 혜화 엄마가 떠올랐다. 그녀는 어떻게 떠났을까. 되돌아올 수 없는 강을 건너는 마지막까지 눈에 밟혔을 가족들을 두고 어떻게 건너갔을까.

독서지도 수업을 맡아 처음 혜화네 집을 방문하게 된 날, 혜화 엄마는 암에 걸려서 요양원에 있다가 일 년 만에 완쾌돼서 돌아왔다고 했다. 무서운 병이었지만 거뜬히 이겨냈으니 하고 싶었던 요가공부를 더 하겠다, 아이들한테도 엄마 노릇을 제대로 하겠다고 했다. 그래서 나는 그녀가 세상 속으로 온전히 돌아온 줄로만 믿었다. 이야기 중에 동갑내기라는 것도 알게 돼 한층 더 가깝게 느껴졌던 그녀였다.

올해 신학기가 시작되기 전 우연히 혜화와 함께 공부를 했던 아이의 전화를 받았다. 그 아이는 한참 만에서야 "혹시 혜화 엄마 돌아가신 것 아세요?" 했다. 1년 간 혜화의 독서지도를 끝낸 지 두 달도 채 되지 않은 때였다. 혜화는 아빠와 함께 필리핀으로 이민을 가버렸다고 했다.

그즈음에 세 살 많은 고종사촌 언니의 비보도 껴들었다. 어린 시절 함께했던 추억을 다 두고 저세상 사람이 되었다는 것이다. 연말에 친척 결혼식이 있어 잠시 얼굴 보았는데, 그게 마지막이었다. 언니는 자기 몸에 스며든 암세포가 말기가 되도록 모르고 있다가 손쓸 새도 없이 떠났다 한다.

어쩌면 나는 봄이 시작된 후 한 달 내내 죽음 근처를 서성이고 있었는지도 모르겠다. 마흔 중반의 나이에 친정 할머니와 아버지를 해 걸러 여의고 아주 가까이서 그 냄새를 맡으며 몸부림치기도 했었다. 하지만 그때와 달랐다. 봄이었기 때문에 스러지는 것들이 더 아프게 느껴졌다. 연둣빛 생명을 머금은 봄에 들리는 회색빛 소식은 다시 그 근처를 서성이게 했다.

어느새 징검다리를 건너 돌아온 작은아이가 엄마를 부르며 안겼다. 아이를 안아 올렸다. 살아 있다는 것을, 내가 살아야 한다는 것을 몸으로 느끼면서. 아이를 꼭 안고 어둠을 바로 보았다. 여러 갈래 길이 보였다. 두런두런 소리 내며 내 곁을 스쳐 지나가는 사람들의 발걸음은 자유로웠고, 어지러운 마음을 잡는 남편의 손은 따뜻했다.

그날 저녁 죽음의 근처에서 몸서리친 후 비로소 거기서 벗어날 수 있는 용기가 생겼던 것인지…. 나는 돌아왔다. 내가, 아니 우리의 일상이 그 근처를 맴돈다는 것을 알아버린, 짧은 봄밤이었다.

근처 2

늦은 밤 스마트 폰 톡에서 지인들을 만난다. 약속을 잡아 밥을 먹고 커피를 마시는 대신 폰의 세상에서 대문 창에 올려진 사진을 보거나 한 줄의 메시지를 읽으며 그들의 근황을 짐작한다.

검지로 친구목록을 밀어 올리다 혜화의 '보고 싶다'는 글귀를 보고 멈춘다.

– 혜화야, 잘 지내제? 너 엄마 보고 싶구나.…나도 너그 엄마 생각난다. ㅎ

– 잘 지내죠.~ 쌤도 잘 지내시죠? 오늘이 엄마 기일이었거든요.

– 그래, 이쯤 된다 싶더라.…

– 아직도 마이 아플 텐데. 노혜화 파이팅!!

– …….

답이 없다. 울고 있을지도 모른다. 열아홉 살의 혜화는 엄마가 보고 싶고 지난날 평범했던 일상이 그리워 울고 있을 것이다. 소중한 줄 몰랐던 가족이란 울타리가 무너지고 난 뒤에야 안타까울 것이다.

뒤늦게 스마트 폰을 구입한 뒤 손에 좀 익숙해졌다 싶어 톡으로 친구들과 대화를 나누기 시작했을 때 '노혜화'라는 이름이 톡 친구로 떴다. 3년 전 연락이 끊긴 그 애일까 하는 마음에 잠시 망설였고 그러다가 조심스럽게 친구 수락을 한 뒤 문자를 남겼다. 내가 아는 그 혜화가 맞는가 싶어 … 혹시나 문자를 읽고도 나를 모른 체할까 봐 몇 번이나 말을 고르고 골라서 전송을 눌렀다.

스마트한 세상이지만 금세 답은 오지 않았다. 며칠이 지나도록 답이 없었다. 그러다 오늘처럼 늦은 밤 그 애의 목소리가 느껴지는 답이 날아왔다. '쌤~ ' 하며 반가운 목소리를 드러냈다. 독서 수업할 때 내가 짐짓 폼을 잡고 쌤이 아니고 선생님이다, 했건만 선생님보다는 쌤이 좋다며 덧니를 내보이며 웃던

혜화의 얼굴을 보는 듯했다.

초등학교 고학년 때부터 음악교육을 받으며 바이올리니스트를 꿈꾸는 혜화, 타 지역의 예고에 합격해 놓고 입학을 기다리던 중 엄마의 중병이 재발해서 급작스레 돌아가시는 바람에 제 아빠의 결정대로 필리핀으로 출국해버렸다는 얘기를 소문으로만 들었던 그 아이가 내 독서수업을 들을 때마냥 재잘거린다. 독수리타법으로 내가 한발 늦게 대답을 올려가며 우리는 그날 꽤 오랜 시간 반가워했다.

그렇게 우린 현실이 되어버린 사이버 세상에서 다시 연결되었다. 어느 날은 가발을 쓰고 찍은 사진을 올려두기도 하고 남자친구에게 사랑을 고백하는 문구를 읽기도 했다. 나는 그 애에게 일어난 지난 과거 일에 대해 자세히 묻지도 못하고 현재 그 애 상황을 짐작만 할 뿐이었다. 톡에선 빙빙 겉도는 얘기는 편했지만 조금이라도 마음을 내놓아야 하는 얘긴 어려웠다. 그런데 오늘 우연한 시간이 마음 길을 살짝 터 주었다.

며칠 전에도 그 애는 나에게 클로버를 보내주었다. 사이버 게임 세상에서 요긴하게 주고받는 선물인 모양인데 일곱 살배기 작은애가 아주 좋아라 한다.

이제 그 애와는 멀리 있지 않다. 내가 손만 내밀면, 톡에 한 줄 말만 걸어와도 이렇게 만난다. 우린 서로의 인연 근처에서 살고 있는 것이다.

언니의 바다

일요일 아침 일찍, 큰언니에게 등산이나 가자고 전화를 했다.

오전에 교회에 다녀와야 하고, 아이들 숙제를 봐 줘야 하는데…. 하며 미적거리던 언니는 한참 만에 그러자고 했다. 어디로 갈 것인지는 마음에 두고 있었지만 언니에게는 말하지 않았다. 동해 바다가 내려다보이는 봉대산에 갈 작정이었다. 시리도록 푸른 바다를 언니에게 돌려주고 싶어서였다.

지금 언니는 서른아홉 살이다. 동갑내기 형부가 아내와 딸아이 둘을 남기고 서둘러 세상을 떠난 지 벌써 네 해가 된다. IMF로 세상이 모두 힘겹게 돌아가던 그해 겨울, 대전의 대덕연구 단지로 출근하던 형부는 갑자기 호흡곤란을 느끼며 쓰러졌다. 심근경색, 청천벽력 같은 그 소식을 언니는 친정이 있는 울산에서 들어야 했다. 언니는 친정 식구들과 대전으로 올라가면서 용하게도 울음을 참아냈다. 차창 밖으로 시선을 붙박아놓은 채 입술을 파르르 떨며 수없이 머리를 도리질하면서도 눈물을 흘리지 않았다. 그러나 병원 영안실에 도착해서 싸늘한 형부의 시신을 확인하고는 그제야 눈물을 터뜨리고 말았다. 언니는 바닥에 주저앉아 오랫동안 통곡을 멈추지 않았다.

부모보다 먼저 간 형부의 육신은 한 줌 재가 되어 울산으로 돌아왔다. 그리고 언니와 형부의 추억이 깃든 강동의 어느 포구에 뿌려졌다. 그날 주적주적 겨울비가 내렸고 파도는 갯바위를 삼킬 만큼 사나웠다. 돌부처처럼 서 있던 언니는 형부의 분진을 삼키고 가는 포말을 보며 또다시 한 잎 풀잎처럼 널브러졌다. 그날 형부와의 이별을 마지막으로 언니는 바다를 외면했다.

그동안 몇 번 언니에게 바다를 되찾게 해주려고 했지만 쉬운 일이 아니었다. '바다' 말만 꺼내도 언니가 손사래를 쳤기 때문이다. 그래서 지금껏 동해 바다로 갈 때 지나던 정자 고갯길을 피해 남목을 지나 주전 쪽으로 가는 길을 택했다.

눈치를 살피며 바다가 보이는 곳으로 간다고 내가 말했다. 세월 탓일까. 언니의 표정은 변하지 않았다. 그렇지만 주전고개를 넘어서자 언니는 안경을 제치고 자꾸만 콧등을 만졌다. 차멀미나 바람을 타고 차 안까지 들어온 갯내 탓만은 아니라는 것을 알고 있었다. 언니는 바다 쪽으로 애써 눈길을 주지 않고 있었다.

주전고개를 넘으면서 본 십일월의 동해바다는 푸르렀다. 햇살을 받은 파도는 은빛 비늘이 되어 반짝이고 있었다. 군데군데 떠 있는 배들도 넓은 바다에서는 물비늘보다 작은 한 점에 불과했다.

봉대산 입구에는 불에 탄 소나무로 만들었다는 장승들이 호위병처럼 버티고 서 있었다. 그들의 호위를 받으며 마사토가 깔린 등산로로 접어들었다. 언니는 그때까지도 바다 쪽으로 시선을 주지 않았다. 등산화를 신고 올 걸…. 신발 타령을 하며 빈 웃음을 한번 보이고는 앞서서 산을 올랐다. 좁은 어깨, 깡마른 체구의 뒷모습이 애처로웠다. 울컥, 무엇인가 목젖을 경직시키다 사라진다. 고개를 돌려 바다를 보니 형부의 모습이 어른거렸다.

형부는 죽음을 예감하고 있었을까?

언니에게 친정 나들이를 선뜻 허락했다고 한다. 방학을 맞은 아이들도 딸려보냈다. 언니는 두고두고 형부를 혼자 두고 온 것을 후회했다. 자신이 집에만 있었더라도 운명의 방향을 바꿀 수 있었을 것이라 했다. 언니는 10년 경력의 간호사였다. 수많은 응급환자들을 지켜보았다. 중요한 건 5분이라고 했다. 골든타임을 놓치지 않고 숨통을 열어주어 피를 돌게 하면 생명은 다시 돌아온다고 했다. 그런데 형부가 아파트 계단에 쓰러졌을 때 아무도 그 5분의 절박함을 몰랐다. 식은땀이 온몸을 흥건히 적시고 가슴이 찢어지는 고통에 쓰러졌지만 그 누구도 형부의 가슴을 눌러주지 않았던 것이다. 목격자들은 갑작스러운 상황에 놀라 허둥댔고 겨우 응급구조대를 불렀을 뿐이었다.

산길은 가팔랐다. 나무둥치를 잘라 박은 계단을 오르다 언니는 몇 번이나 걸음을 멈추고 거친 숨을 토해냈다. 그동안 운동을 할 여유조차 갖지 못한 언니에게 산길은 호락호락한 것이 아니었다. 곱게 그려진 시화가 걸린 나무 아래 놓인 벤치에 이르자 언니는 털썩 자리에 앉았다. 산 아래쪽으로 앉은 언니는 무심히 앞을 보고 있었다. 언니가 보고 있는 것은 분명 바다였다.

숨을 고른 후 어깨를 나란히 하고 산을 올랐다. 아이들의 이야기 말고는 마땅히 할 말을 찾지 못했다. 형부 이야기를 하고 싶었지만 그것은 금기였다. 언니가 먼저 이야기를 꺼내기 전에는 누구도 선뜻 끄집어낼 수 없었다. 섣불리 추억하다가 아물지 않은 생채기를 헤집을까 봐 모두들 조심했다.

울산으로 내려온 언니는 뒤바뀐 운명을 묵묵히 받아들였다. 늦은 나이지만 보육교사 교육과정을 마치고 거주하는 아파트에서 놀이방을 열어 형부의 빈자리를 메워가기 시작했다. 그런데 일곱 살이었던 작은조카가 가벼운 경기를 했다. 그러하기를 몇 번, 언니는 밀려오는 불안감을 도리질하며 병원을 찾았다. 소아간질, 언니는 또다시 천 길 낭떠러지로 떨어지고 말았다. 약물로 치료가 된다는 의사의 단언에도 언니는 좀처럼 절망에서 벗어나지 못했다. 아이의 경기는 간간이 계속되었고, 작년에는 약물 부작용으로 골반 연골에 물이 차 제대로 걷지도 못했다. 딸의 몸속에서 팔뚝만 한 주사기 가득 고름을 빼내는 것을 보며 언니는 얄궂은 운명에 치를 떨었다. 다행히 지금 조카는 침과 약물을 병행하는 치료 덕분에 상태가 많이 좋아졌다. 그렇지만 평생 약을 곁에 쌓아두고 살아야 할 조카는 언니에게 커다란 짐이 될 것이다.

바람에 마른 낙엽이 떨어지는 소리를 들으며 햇살을 받아 더욱 광채를 내는 갈대들의 군무를 지켜보며 우리는 어느덧 정상에 올라와 있었다. 언니는 돌무더기 봉화대 꼭대기에 올라 또 한참 동안 무심히 바다를 바라보았다.

"바다가 참 조용하네."

늦가을 바람에 땀이 다 식어갈 즈음, 엷은 웃음과 함께 말문을 열었다. 그랬을 것이다. 언니가 본 것은 조용한 바다였을 것이다. 높은 산에서 멀리 바라다본 바다, 파도도 치지 않는 잠잠한 바다, 늦가을의 조용한 바다를 보며 언니는 절망으로 출렁거렸던 가슴속 격랑들을 조금씩 진정시키고 있었던 것이다.

연두빛 텃밭

집 옆에 어머님이 오래전부터 가꾸어 온 작은 밭이 있다. 주인이 집을 짓지 않고 묵히는 땅을 손수 정지해 밭으로 일궈 채소를 키우는 곳이다. 그냥 두었더라면 동네 쓰레기장이 되었을 어머니의 밭에서는 싱싱한 푸성귀들이 자랐다.

어머니가 밭을 가꾸기 시작한 것은 막내아들을 결혼시키고 나서다. 자식들을 키워 차례로 내보내고 나니 차츰 견딜 수 없는 외로움으로 때로는 허전함으로 다가왔을 것이다. 아버님이 새벽에 출근을 하고 덩그러니 혼자 남게 되면 하루 종일 텃밭에 매달리셨다.

가족들이 모이는 날이면 어머니는 갓 뜯어온 채소를 푸짐하게 내어놓으셨다. 그러고는 그 재미를 설명하느라 마른침을 삼키곤 하셨다.

그러던 중에 아버님께서 지병인 간 질환의 악화로 직장을 놓고 집에서 쉬게 되면서 그 밭 가꾸는 일이 쉽지 않게 되었다. 아버님께서도 관심을 갖기 시작했기 때문이었다. 옆에서 씨앗을 심는 시기부터 가꾸는 방법까지 일일이 어머니의 농사에 간섭을 하려 하셨다. 몇 해 동안 익힌 어머니 나름의 방식과 충돌할 게 뻔했다.

시댁에 들르는 날이면 어머니는 밥상을 앞에 놓고 아버님 허물을 들추기 일쑤였다. 두 분의 승패를 굳이 가른다면 이기는 쪽은 늘 어머니였다. 줄곧 직장 생활을 한 아버님의 경력은 텃밭농사에 아무 소용이 없었던 모양이었다.

여름에 고추 모종을 심고 꽃이 하얗게 피어오를 때였다. 이른 새벽 모종을 살피던 아버님은 진딧물을 보고는 그 길로 새벽시장 종묘상에 가서 약을 사 와 재빨리 뿌렸다. 나중에 이 일을 알게 된 어머니는 한바탕 소란을 떨고는 고춧잎에 묻은 농약을 닦아내느라 애를 썼지만 며칠만에 꽃도 떨어지고 줄기마저 시들어버렸다.

그 일이 있은 뒤 아버님은 텃밭을 포기하셨다. 대신 집 옥상에 펑퍼짐한 고무 통, 스티로폼 박스 등에 흙을 담아 모종을 다시 심으셨다. 큰 물통에는 아픈 와중에도 흙을 퍼 올려 대추나무를 심기도 하였다. 아버님은 놀러 온 손주들을 데리고 가서 '옥상 농장'을 자랑하셨다. 이듬해에는 대추알을 따 줄 거라며 약속도 하셨다. 하지만 아버님은 그해 가을을 지나면서 급격히 악화되셨고 새천년을 불과 이십여 일 앞두고 세상을 버리셨다. 어머님은 상을 치른 후 "수확 한 번 제대로 못할 거면서…." 새봄을 기다리며 쉬고 있는 옥상 농장을 정리해버리셨다.

그해 겨울이 다 가기 전에 어머니 혼자 계시는 시댁으로 살림을 합쳤다. 어머니는 서서히 몸과 마음을 빨리 추스르는 듯 보였다.

다시 봄이 되었다. 그러나 어머니는 농사를 시작할 때가 되었지만 밭을 일굴 채비를 하지 않으셨다. 어느 날은 새벽 일찍 호미를 들고 나서다 계단에 주저앉아 우시기도 하셨다. 결국 그해는 상추도 심지 않으셨고, 옥수수도, 고추도, 김장 배추도 심지 않으셨다. 더 이상 텃밭을 가꾸지 않으실 것 같았다.

그렇게 한 해를 보내고 또다시 봄이 되었다. 일요일 새벽에 어머니는 잠에 취해 있는 남편을 깨워 "니가 밭 좀 쪼져 줘야겠다." 하시고는 먼저 텃밭으로 향하셨다. 부엌 창을 통해 내다보니 땀 흘려가며 그동안 쌓인 쓰레기를 치우고 흙을 뒤엎어 고랑을 만들고 상추씨를 뿌렸다.

그런데 그해 농사도 그것으로 끝이었다. 옆구리가 결리고 숨이 차서 병원을 찾은 어머니는 유방암 진단을 받으셨다. 그리고 대학병원에서 두 차례 수술을 한 뒤 석 달이나 입원하여 치료 받은 후 겨우 집으로 돌아오실 수 있었다. 그 사이 이웃에 계시는 어머니 친구 분이 텃밭 한구석을 가꿔 고추와 배추를 심었다. 어머니는 햇볕 드는 2층 난간에서 하루가 다르게 커가는 그것들을 무심히 지켜보셨다.

그렇게 한 해를 보낸 후 병원에서 치료가 잘됐다는 말에 힘을 얻은 어머니는 다시 텃밭을 가꾸기 시작했다. 주말이면 남편도 나도 텃밭에 나가 일을 도왔다. 어머니는 어디서 들으셨는지 암 치료에 좋다며 민들레를 손수 캐 와 텃밭에 옮겨 심었고, 고추와 무, 배추를 심어 김장에 보태기도 했다.

한겨울인 지금도 텃밭 한가운데엔 봄동 몇 포기가 서리를 맞아 맛을 들이고 있고, 가장자리엔 봄까지 너끈히 먹을 만큼의 무도 추위를 피해 꽁꽁 묻어두었다. 어머님의 오래된 문갑 속에는 갖가지 씨앗들이 새봄을 기다리고 있다. 씨앗은 기다리는 생명이다. 푸성귀를 가꾸는 일은 생명을 키우는 일이다. 긴 겨울의 고통 속에서 상처받고 빛을 잃었던 어머니의 마음밭에도 연둣빛이 돋아날 것이다.

살림 맛

담장이 무너졌다, 며칠 동안 내린 봄비에 기우뚱 서 있던 담이 '꽝' 소리와 함께 폭격을 맞은 듯 마당으로 쓰러져 내렸다. 다행히 도로 쪽은 아니어서 사람이 다치지는 않았지만 1층 보일러실로 가는 통로가 거의 막혀버렸다.

두 해 전 여름이 시작될 즈음 담 하나를 사이에 둔 집 옆 공터에서 공사가 시작됐다. 하루 종일 굴삭기로 울퉁불퉁했던 땅을 고르고, 트럭 한가득 실어온 자갈돌을 깔고 땅을 다졌다. 밖에 나갔다 들어오신 어머니께서 건축자재 등을 보관하는 곳을 누군가 임대했다는 얘길 전해주셨다.

그런데 시간이 지나면서 공터의 땅보다 낮은 지대에 있는 담이 조금씩 기울기 시작했다. 공터에 물건을 내리던 업자에게 몇 차례 항의를 하고 대책을 요구했지만 차일피일 미루기만 했다. 지난해 가을부터 업자는 나타나지도 않았다. 땅은 중도에 할 일을 잃고 퍼져 있었다.

남편은 동사무소에서 공터 주인의 주소를 알아내 저간의 사정과 피해복구를 바란다는 내용증명서를 띄웠다. 다행히 며칠 후 땅 주인이라며 노신사가 찾아왔다. 세를 낸 사람이 지난가을 범법자가 되어 구치소로 가 있다면서, 세를 잘못 주어 그런 것이니 담장을 고쳐 주겠다고 했다. 그러면서 어차피 공터로 놀릴 수밖에 없는 땅이니 텃밭이라도 가꾸지 않겠냐고 제안을 했다. 순간, 저 퍼져버린 땅에서 파릇파릇 채소가 자랄 수 있을까 도무지 그림이 그려지지 않았다. 어린 시절 보았던 농사의 번거로움에 고개가 절로 저어졌다.

한편 생각으로는 공터를 또다시 방치하면 금세 쓰레기장이 될 게 뻔했다. 건축자재장은 쓰레기장이나 다름없었다. 누군가가 몰래 쓰레기를 한 뭉치 가져다 놓기라도 하면 며칠 사이에 쓰레기가 넘쳐나기 일쑤였다. 몇 날 며칠을 참다못해 동사무소에 연락을 하면 담당 용역회사에서 거둬가는 일이 반복되었다.

노인정에서 돌아오신 어머니께 말씀드렸더니 힘들어도 한번 일궈보자고 하셨다. 야적장이 되기 전에 어머님이 텃밭으로 일구다가 편찮게 된 이후에 손을 놓아버린 곳이었다. 자신이 없었지만 흙을 만질 때의 기분을 떠올리며 이튿날부터 애를 썼다. 네 살짜리 둘째 아이가 호미를 들었고, 근처에 사는 동생네 식구들까지 동원되어 돌멩이를 골라내고 밭을 만들어 갔다. 곳곳에 깔린 돌가루는 가장자리로 걷어냈지만 양이 너무 많은 곳은 그대로 두었다. 봄이 왔건만 풀도 자라지 않는 땅에서 어떤 채소가 자랄 수 있을까 싶어 힘이 빠지기도 했다.

완연한 봄에 밭고랑을 파고 몇 이랑을 만들어 상추 씨를 뿌렸다. 그리고 쑥갓과 들깨 씨도 뿌렸다. 오늘은 싹이 나나 싶어 아침만 되면 부엌문을 열어 내다보았다. 새싹을 보기까지 참으로 오랜 시간이 걸렸다. 해 저물녘에 물 조리개로 몇 차례 물을 주어도 기미가 없더니 비가 흠뻑 온 어느 뒷날, 풀빛이 돋았다. 그냥 풀무더기였다. 황무지 땅에서 풀빛이라도 보이니 반가운 심경이었다.

한결 수월타는 고구마 농사도 만만치 않았다. 순을 심은 다음 날부터 꽤 오랫동안 비가 내리지 않아 뿌리내리는 것을 돕기 위해 순 하나하나에 목을 축여줘야 했다. 며칠을 그렇게 애써도 바싹 말라버린 순들이 자꾸 생겨나 엉성한 고구마 밭이 되고 말아 남들 보기 부끄러웠다. 지나가는 동네 분들이 저마다 한마디씩 하셨다. 다 죽은 듯 있어도 고구마가 발을 내리고 있으니 내버려 두라 하신다. 그 밭에 작물이 어려우니 호박이나 심으라는 분도 있었다. 밭을 지나가는 동네 분들마다 농부의 마음이 되어 늦깎이로 밭 노릇을 하는 땅을 응원해 주었다.

칠월의 땡볕은 부업도 잘한다. 키워달라는 들깨는 아직도 땅 가까운 데 두고, 뿌리지도 않은 비름나물들은 잠시 한눈을 팔면 수풀을 이룰 기세로 뻗어 오른다. 콩 포기 사이에 줄 맞춰 서 있기도 한다. 우여곡절 끝에 새잎까지 거느린 고구마 모종이 왜 시드나 했더니 그 약한 뿌리를 바랭이 뿌리가 칭칭 감고 있었다. 풀뿌리는 힘까지 세다. 호미에 뿌리를 단단히 걸어 두 손으로 당겼다. 툭 끊어지지 않도록 적당한 힘으로 씨름하며 겨우 뽑은 바랭이 더미를 밭둑에 던져둔다. 땡볕에게 바싹 말린 거름이 되게 해달라고 부탁하면서.

웃자란 고구마 줄기를 훑어내는 아침, 지나가던 전라도댁 아주머니께서 "새댁이도 살림 맛을 아나 보네 잉." 하신다. "아직 모릅니더." 뜸을 들인 내 대답을 듣는 아주머니는 다 안다는 표정이시다. 마흔이 넘은 지금에서야 맨발에 흙이 달라붙는 것도 대수롭잖다. 이래저래 살림에 두 손 두발을 담그고 사는 날들이다.

호박꽃 속으로 벌 한 마리가 날아든다. 노란 호박꽃은 아기에게 젖을 물리는 엄마처럼 편안해 보인다. 호박덩굴이 울타리로 쳐둔 막대기 줄을 올라타고 너울너울 푸르렀다. 손바닥 넓이보다 더 큰 잎사귀 뒤로 애기호박들이 숨바꼭질할 터이고, 고구마 이랑에서는 그간의 숨은 저력을 발휘하여 동글동글한 가을을 보여줄 것이다. 살림 맛이 뭔지 아직은 잘 모르지만.

시인의 언덕

눈발처럼 날리는 벚꽃을 좇아 가족나들이에 나선 길에 큰언니의 전화를 받았다. “우리 아버님께서 방금 전에 돌아가셨다는구나.” 언니의 목 메인 말 한마디가 수화기를 통해 흘러나왔다.

“…….”

언니의 시아버지는 채병화 시인이다. 지난해 1월 뇌졸중으로 쓰러지신 후 1년 넘게 언양 외곽의 한 요양원에서 투병하시던 시인이 끝내 먼 길을 떠나신 것이다. 언니는 객지에 있는 식구들이 아직 도착하지 않았다며 우리 부부에게 빨리 병원으로 와 주었으면 했다. 시인이 갑자기 쓰러지셨을 때도, 몸을 추슬러 임시로 병원 문을 나설 때도 언니는 우리를 찾았다. 나는 남편과 함께 서둘러 시인의 유해가 모셔진 장례식장으로 향했다.

시인의 삶은 순탄하지 않았다. 강원도 두메산골에서 태어난 시인은 까까머리 중학생 때 6·25전쟁을 맞았다. 전쟁은 시인이 살던 산골마을을 비켜가지 않았다. 마을사람들이 떼죽음을 당하는 화를 입었을 때, 시인도 친척 대부분을 잃었다고 한다. 가까스로 살아난 시인은 여섯 달 동안 사람들이 묻힌 구덩이를 파헤친 끝에 겨우 부모의 시신을 수습해 장사지냈다고 한다. 이후 자수성가한 시인은 슬하에 삼 형제를 두었다. 그러나 그중 둘째 아들이 먼저 하늘로 떠나는 아픔도 겪어야 했다. 그 아들이 언니의 남편이자 나의 형부였다. 공교롭게도 나는 한 아버지와 아들의 마지막 길을 모두 지켜봐야 하는 얄궂은 인연의 덫에 걸리고 만 것이다.

시인은 오랜 세월 초등학교에서 아이들을 가르치던 교사였다. 그러다가 환갑을 목전에 둔 1992년 문예지 ≪시와 시론≫의 추천을 받아 문단에 나왔다. 추천된 작품은 〈사랑산조〉였다. 그리고 95년 첫 시집 ≪당신이 있기에≫를 세상에 내놓았다. 시인이 노래한 당신은 가족이었고 자연이었다. 고단한 삶을 따뜻하게 품는 가족에게 오랫동안 사랑가를 읊어 주리라 기대했었는데…. 결국 그 시집이 마지막이 되고 말았다.

시인을 처음 만난 것은 언니의 결혼식장에서였다. 장성해 출가하는 아들과 고운 며느리를 바라보던 시인의 그윽한 눈빛을 잊을 수가 없다. 나는 언니가 한없이 부러웠다. 그 후 시인은 눈인사밖에 나누지 못한 사돈처녀를 위해 당신의 글이 실린 문예지와 시집을 꼭꼭 챙겨 보내주셨다. 언니가 글쓰기를 좋아하는 나를 예비 시인으로 자랑했던 모양이다.

다시 시인을 만난 때는 심근경색으로 갑자기 세상을 떠난 형부의 장례식 때였다. 자식의 죽음 앞에서 참으로 의연했다. 언뜻 '자식을 먼저 보낸 부모가 맞을까.' 하는 마음이 들 정도로 아들의 마지막 길을 조용히 지켜주었다. 그러나 조문객의 발길이 끊긴 새벽녘이 되자 시인은 아들의 영정 앞에서 무너져 내렸다. 탄식인지 울음인지 모를 신음 같은 소리를 내기 시작하더니 어느새 막혔던 가슴이 터지기라도 한 듯 긴 통곡을 시작했다. 슬픔이 가슴속에서 솟아나는 것을 처음 보았다. 자식이 먼저 떠나간 부모의 울음은 아프다 못해 섬뜩하게 다가섰다. 한참을 통곡한 시인은 다시는 볼 수 없는 자식을 가슴에다 담기라도 한 듯 어느새 조용한 모습으로 돌아왔다.

그러했던 시인이 이제 자식이 누웠던 차가운 그 자리에 누운 것이다. 남편과 나는 장례식장에 도착하자마자 때마침 도착한 시인의 남은 두 아들과 함께 장례 절차를 의논하고 문상객들을 맞을 채비를 하였다. 시인의 장례는 통곡과 비통함이 가득한 다른 장례식장과는 달리 비교적 조용한 가운데 치러졌다. 아들들은 조용한 장례식을 원한다며 곡을 하지도 않았다.

문상 오는 이들도 일 년 넘게 병마와 힘들게 싸웠을 시인을 생각하며 조용히 가는 길을 지켜보았다. 남은 이들의 안타까움을 아는지 모르는지 하얀 국화에 둘러싸인 시인의 영정은 장례식 내내 웃고 있었다. 그렇지만 시인이 자식을 보내던 날, 가슴속에서 짜내던 그 울음소리는 나의 귓전을 떠나지 않았다.

시인의 유해는 태워져 둘째 아들이 먼저 가 있는 동해바다에 뿌려졌다. 그곳에서 시인은 가슴속에 묻어 놓았던 자식을 풀어헤치고 하나가 되는 재회의 기쁨을 누렸을 것이다. 그리고 병마에 시달렸던 육신의 고통을 모두 잊고 못다 한 부자의 정을 나누었을 것이다.

장례를 치르는 동안 간간이 언니를 살폈다. 언니는 시아버지가 처음 쓰러져 다시 일어설 수 없다는 것을 알고는 두 딸을 안고 참 많이도 울었다고 했다. 며느리와 두 손녀에게 아들 대신 힘닿는 데까지 언덕이 되어 주리라던 시인의 약속이 지켜질 수 없게 됐기 때문이다. 그렇지만 시아버지의 장례를 치르면서 언니는 눈물을 보이지 않으려 애썼다. 절망의 눈빛도 없었다. 시인이 되어 주고자 했던 언덕은 가족에 대한 사랑이었고, 그 사랑은 생과 사의 경계와는 무관하다는 것을 알고 있었을 것이다.

그리고 여름, 우연하게도 나는 시인이 등단했던 ≪문예운동(구, 시와 시론)≫을 통해 문단에 발을 들여놓게 되었다. 시인과 나를 이어주는 끈 하나를 새삼 확인하게 된 것이다. 사랑으로 빚어진 시인의 언덕이 언제까지나 크고 듬직하게 언니 가족을 포근히 둘러 싸주기를 바란다. 시인의 명복을 빈다.

5부
곡선

도종환 시인은 〈부드러운 직선〉을 노래했다. 부드러운 직선은 직선들이 모여 만든 곡선이다. 그런데 언제부턴가 사람들은 직선을 만들고, 직선을 좋아하기 시작했다. 둥그런 초가를 헐어내고 네모반듯한 집을 만들더니 이제는 성냥갑 같은 아파트를 찍어내듯 만들고는 프리미엄까지 얹어가며 좋아하고 있다. 고불고불 이어지던 동네의 골목길도 거의 사라지고 차량들이 쉽게 다닐 수 있는 직선도로가 그 자리를 차지했다.

상방上防 골목길

– 골목에 나서다

몇 해 전부터 나라 곳곳의 길들이 올레길, 둘레길, 어울길 등으로 새 이름표를 달았다. 사람들은 그 길에다 지역의 역사와 문화를 덧씌워서 이야기를 만들어 다른 사람들을 불러 모으고 있다. 어떤 길에도 얘깃거리가 있다는 것을 알게 되었다. 그걸 보면서 나는 내 어릴 적 뛰놀던 골목길이 떠올랐다.

누구나 제 살던 집에서부터 어느 지점에 이르는 골목길의 추억은 있게 마련이다. 지금은 사라져서 더 그리운 '상방 골목길'을 걸어보고 싶었다. 큰언니가 옛집 터에 올린 어린이집에 일을 다니면서 그동안 잊고 있었던 고향 얘기가 들리고 기억 속의 골목길도 살아나기 시작했다. 예나 지금이나 동네 이름은 상방 마을이다.

상방上方 마을은 왜란을 피해 방어진 쪽에서 살던 조상들이 '위쪽 방향'으로 옮겨와 촌락을 이루면서 생긴 지명이다. 마을 뒤에는 무룡산, 앞으로는 동천강이 있어 풍수지리가 좋다는 땅이었다. 또 두부곡, 상연암, 원연암, 산성 등 지금은 지명조차 듣기 어려운 효문동의 아홉 마을 중 두 번째로 큰 마을이었다.

1970년대 상방은 여느 농촌과 별반 다를 게 없었다. 집과 집 사이에는 여백처럼 넓거나 좁은 크기의 밭들이 있었다. 또 밭과 밭 사이에는 돌멩이들이 꾹꾹 다져진 밭둑길이 되어 사람 사는 집들과 순박한 사람들을 고불고불 이어주었다.

백여 호 가구가 모여 살던 당시, 새마을 운동이 한창이었다. 그 덕분에 동네 한가운데에 시멘트길 신작로가 들어선 것 말고는 집집으로 이어지는 샛길은 모두 흙길이었다. 비라도 내리는 날에는 신발에 잔뜩 붙은 흙의 무게감이 종일 따라다녔다. 해 질 녘에는 죽담에 벗어 놓은 식구들 신발에 딸려온 흙덩이가 군데군데 떨어져 앉았다.

여름날 길가에는 쇠똥, 개뼈다귀, 닭털, 짚검불이나 헝겊조각, 막대기, 새끼토막 같은 자연쓰레기가 거름이 되어 질경이 풀이 떡 벌어져 있었다. 엔간히 밟혀도 아무렇지 않게 여름을 나고 가을에는 누렇게 늙어서 조롬이 씨앗 달린 질경이는 다 어디로 가야 했을까.

이사 온다, 간다라는 것은 평생 남의 집 얘긴 줄만 알았는데 우리 집이 이사를 하게 되었다. 이십여 년 전, 아버지가 시내에 2층 양옥집을 지었다. 그때 직장인이던 나와 여동생은 출퇴근이 편하다며 대환영이었다. 위의 두 언니는 이미 출가를 하였고, 칠순의 할머니도 적극 찬성하셔서 이사가 순조롭게 진행되었다. 난생처음으로 하는 이사에 아쉬움보다 설렘이 컸다. 고향집은 농사를 지으시던 부모님께서 농막처럼 들르는 곳으로 남았다.

고향집을 떠났어도 아버지는 주소지를 옮기지 않았다. 금방이라도 다시 돌아올 것처럼 어정쩡한 시내 살림살이를 오래도록 하였다. 그 후 나도 고향집에 올 일이 없었던 것은 아니지만, 왠지 쑥스러워 미적거리다가 일 년 만에 가보니 이미 고향동네는 재개발이 되고 있었다. 가끔 아버지께 흘려들은 것처럼 굴삭기가 땅을 파헤쳐 골목골목이 어지러웠다. 나도 모르게 눈을 감아버렸다. 그 후 드문드문 고향집엘 갈 때면 무덤덤해지려고 애썼다.

내가 뛰어다니던 그 동네 어귀에는 지금 구청 건물이 들어서 있고, 옛날 너른 밭 터에는 큰 아파트가 세워졌다. 또 기와집이나 슬레이트 집 자리에는 빌라니 원룸이니 하는 사각집들이 들어섰고, 산자락 양지바른 곳에는 지나가는 이의 발길을 잡는 전원주택들이 즐비했다. 더불어 목욕탕, 이름난 빵집, 편의점, 큰 마트, 농협도 아스팔트 길 따라 자리 잡고 있어 살기

편한 동네가 되었다. 옛날 골목에서는 생각도 못했던, 변변한 문구점도 훤한 상점도 없던 그 시절을 돌이키면 정말 상전벽해가 아닐 수 없다. 그런데 왜 그리 낯선지, 정나미라곤 붙지 않는다 싶던 날 막다른 골목에서 폭 꺼진 낮은 기와집을 보았다. 와락 반가움이 일었다. 거긴 우리 집이었고 우리 앞집, 뒷집이었다.

뾰족뾰족 잎 내민 감나무 아래 뒷집 고산할매가 지팡이를 짚고 구부정하게 서 있다. 괜히 눈에 띄어 타박이라도 들을까 봐 동무 집을 종종걸음으로 가던 계집애가 저만치서 힐끗 돌아다본다.

아, 열 살 무렵의 나다. 삽짝을 나와 실개천을 훌쩍 뛰어넘던 그 애는 마흔 중반의 아낙이 되어 유년의 골목길에 돌아왔다. 열 살짜리 계집애의 손짓을 따라 옛 동네 골목을 한동안 누빌 참이다.

– 골목을 걷다

학기가 시작된 지 얼마 안 된 봄날이었을 게다.

아저씨 엄지손가락 크기만 한 엿 동가리가 내 손에 쥐어졌다. 그 전에 리어카 엿판에다 납작한 쇠를 대고 엿가위로 철컥철컥 두 번 내리치면서 엿장수는 다음번에는 호미나 못 쓰는 솥단지를 갖고 와야 준다고 을렀다. 헛간에 자루 빠진 호미가 있지만 나는 절대로 그리해서는 안 된다는 걸 알고 있다. 농촌에서의 자루 빠진 호미는 고물이 아니라 아버지가 호밋자루를 다듬기 전까지 헛간 벽에 걸려 쉬고 있을 뿐이란 걸 눈으로 보고 자랐기 때문이다. 나는 손가락만큼 잘라지는 엿을 보며 안타까운 심정으로 고개를 주억거렸다.

챙 챙 챙, 집 뒷골목에서 가위 소리가 들려왔다. 학교를 마치고 한 시간이나 걸어서 집으로 오니 배는 더 고팠다. 식구들은 아무도 없고 나는 어떻게 해서라도 엿이 먹고 싶어 안달이 났다. 그러다가 숙제검사 맡은 국어공책이 생각나 얼른 서너 장을 찢어들고 골목길로 나섰다. 저만큼 가고 있는 엿장수 아저씨를 뒤쫓아 가서 종잇장을 내밀었을 때, 아저씨는 얼마나 황당했을까, 아니 우스웠을까. 그러나 이내 고민이었을 게다. 순전히 발품을 팔아 고물을 모으고 생계를 책임지는 그 아저씨에게도 나만 한 딸이 있었던 걸까. 연두색 풀들이 고개를 쏙쏙 내미는 골목길가에서 아저씨는 나의 동심을 지켜주려 애썼다. 철없는 아이가 군입거리를 얻고자 하는 간절함을 외면하지 않았던 그 아저씨는 엿가위를 철렁거리며 어디로 갔을까.

그 시절 뒷집 마당에서 피고 지던 수국이 돌담도 아닌 시멘트 축담에 기대어 겨우 뿌리를 지키고 있었다. 오래된 가지에서 보랏빛 탐스러움이 뿜어져 나오고 있었다. 본디 길거리 식물이 아니지만 구획정리 통에, 땅을 헤집어 옮기는 중에 시멘트로 성형한 골목길에는 집 밖으로 쫓겨나온 꽃들이 야생화처럼 자라고 있었다. 멍석만 하던 언덕배기에 자라던 풀들도 흙빛 틈새에 자리 잡았다. 그들의 몸값이 뿌리에 있기에 그런지 생명력이 강하다. 길나그네인 나는 더 이상 참견을 하지 않기로 했다.

자라는 풀들도 제자리를 알고, 꽃들도 마당과 길가에 맞게 순리를 지키던 오래전, 상방 그 골목길은 아이들의 소리와 사람 사는 냄새마저 조화로웠었는데….

– 골목길에서 만나다

장동할매가 돌아가셨단 소식을 들었다. 내가 살던 상방 동네에서 택호를 받은 할머니들 중 마지막이 아닌가 싶다. 잎에 동그란 돌기가 박힌 조록나무를 볼 때면 뜬금없이 장동할매의 얼굴이 떠올랐다. 장동할매의 얼굴에는 물사마귀 같은 것이 가득했다.

집과 집을 이어주던 동네 골목길엔 장동할매처럼 택호를 가진 할머니들이 한 집 건너 한 집 꼴이었다. 그들 중 본동댁이란 택호를 가진 우리 할머니의 서열이 제법 높았다. 파젯날이면 할머니는 손녀들에게 동네 할머니들을 청하는 심부름을 시키시곤 했다.

"우리 할매가요, 아침 잡숫지 말고 오시랍니더."

나는 동생과 함께 신국댁, 갑골댁, 월평댁, 차일댁, 평촌댁 등 택호를 가진 할머니들에게 전갈을 알리느라 이리저리 뛰어다녔다.

"또 제사 지냈나? 이따 가꾸마."라는 답을 뒤로하고 나는 재빨리 다음 집, 그 다음 집으로 줄달음을 쳤다.

한참을 달리다 보면 동네의 뒷산인 무룡산으로 접어드는 산길이 나온다. 그 지점에 '왕할매집'이 있었다. 택호는 기억이 나지 않지만 왕할매는 아버지의 왕고모쯤 되는 분이었는데, 일제강점기 때 두 아들이 모두 만주로 가 오막살이집에서 혼자 살고 있었다.

평소에도 우리 자매들은 엄마가 담아주는 나물 반찬이나 물김치, 죽 등을 들고 왕할매집까지 날라야 했다. 길이 멀고 음식을 쏟을까 봐 걱정인 엄마는 갈 때마다 주의를 주곤 했다. 가기 싫어서 왜 갖다 주느냐고, 어째 나만 가야 하느냐고 엄마한테 대들다가 혼이 난 적도 많았다.

어느 해 동짓날 왕할매는 엄마의 팥죽을 기다리기나 했던지 내가 방 안에 들어서자 죽 그릇을 받아 벌벌 떨리는 손으로 숟가락질을 하셨다. 앞에 앉은 나는 그릇을 되가져가기 위해 꼼짝없이 시중을 들어야 했다. 동치미도 집어 드리고 물도 떠다 놓아야 했다.

"수끼가?"

팥죽을 뜨다가 대뜸 동생 이름을 댄다.

"아인데요, 끝둘(작은언니가 꼭지인데 내가 또 태어나자 두 번째로 끝이라는 뜻의 아명)인데요."

왜 나만 보면 수끼(숙희)냐고 동생 이름을 대는지 그땐 기분이 좋지 않았다. 동생은 왕할매집 심부름을 오기가 싫어 다리 아프다는 둥 자주 꾀를 부렸기 때문이다.

왕할매는 쌀, 보리, 수수 같은 곡식 이름으로 동생 이름을 기억하는 것 같았다. 당시 수수는 사투리로 '수끼'라고 했는데 그게 기억하기 쉬웠을 것이다.

"으, 끄뚤이가."

잘못 알아본 것이 미안했던지 이부자리 밑에서 십 원짜리 동전 두 개를 꺼내 내 손에 꼭 쥐여 주셨다. 용돈이 귀하던 시절, 그 후로는 혹시나 해서 왕할매집 심부름을 자청해서 갔지만 "수끼가?" 하는 소리만 들었다.

왕할매는 할머니가 청하시는 기별을 몇 번 더 듣지 못하고 세상을 떠나고 말았다. 그 후 할머니의 기별을 전하는 길이 짧아졌다. 그 덕에 기별을 다 전하고도 숨이 차지 않았다. 하지만 꽤 오랫동안 왕할매가 떠난 빈집을 바라보면서 가슴 한편이 먹먹해졌다.

시내로 이사를 나온 후 더 이상 할머니의 기별을 전할 일이 없어졌다. 형편이 좋아져 많은 음식을 해도 나눠 먹을 데가 없었다. 도심의 직선 길은 바람만 다니기 좋은 뿐 사람들을 정으로 잇지는 못하는 모양이었다. 할머니는 남은 제사 음식을 동네 경로당으로 보냈다.

돌이켜보면 우리 집에서 길이 조금씩 멀어질수록 다른 집의 세세한 사정은 몰랐다. 그냥 몰라도 되었다. 그건 한 동네라도 같은 골목에서 부딪히는 앞집, 뒷집, 옆집과는 또 달랐기 때문이다.

그러나 나의 '왕할매집'처럼 돌보아야 할 먼 친척이 있는 골목길은 아무리 멀어도 오고 가야 할 길이었다. 한 동네가 한집처럼 살던 상방 골목길은 고샅길로 얽히고설킨 그물망이 되어 마을 사람들을 보살피고 지켜주었다.

이제 장동할매까지 떠나셨다. 집 앞 골목길에서 한길로 바쁘게 차를 타러나가다가 종종 마주치는 장동할매는 "할매요, 어데 가시는교." 하고 인사를 드리면 반갑게 구구절절이 얘기를 늘어놓으셨는데 다시는 뵐 일이 없겠구나 싶어 무상해졌다.

옛 골목길은 지금 사라졌다. 굽었던 골목은 쭉 펴지고 길가에 열병식 하던 대나무들은 다 베어지고 높다란 시멘트 담이 버티고 섰다. 하지만 나는 드문드문 남은 그 유년의 골목길에서 동네 사람들이 빚어내던 일상을 만나고 있다.

– 골목에서 헤어지다

낭국할매집 둘째 손자 양곤이는 아홉 살 때 죽었다. 두 살 아래인 양곤이는 내가 뛰어놀던 상방 골목길에서 가장 먼저 세상을 등진 또래이다. 팔 다리가 가늘고 얼굴이 유난히 하얬던 양곤이는 '태어날 때부터 아픈' 아이였다. 동네 조무래기들과 함께 골목길을 휘젓고 다닐 때, 대나무 삽짝에 기대 밖을 내다보는 양곤이의 눈길과 마주치곤 했다. 양곤이의 흐린 눈에서 친구들과 함께 뛰어다니고 싶다는 마음을 읽은 어느 날은, 그애가 가여워서 또래들과 골목을 벗어나 뒷동산으로 가기도 했다.

집 안에서 화초처럼 자라던 양곤이는 여덟 살이 되어 학교에 다니기 시작하면서 또래들과 함께할 수 있었다. 그저 힘없는 발걸음으로 제 형과 학교에나 오갈 뿐이었지만, 나는 세상의 일원이 된 양곤이를 위해 먼 등굣길에 책가방을 들어주기도 했다. 그럴 때면 그 애는 기어들어가는 목소리로 고맙다며 희미한 미소를 보였다.

하지만 양곤이에게는 한 시간쯤 신작로를 걷는 등하굣길이 힘들었던 모양이었다. 학교를 가는 날보다 집에서 쉬는 날이 훨씬 많았다. 그러다 아홉 살이 된 후에는 학교를 거의 가지 못했다. 동네별로 줄을 지어 학교로 가기 위해 모이던 다리 앞에서도 양곤이는 점점 보이지 않았다.

그러던 어느 날 양곤이가 죽었단 말이 소곤소곤 돌았다.

"저래 죽을 목숨이면 진즉에 죽어버리지…."

할머니가 내뱉듯 하시는 말끝에 그제야 그애가 죽었다는 것이 믿겼다. 무섭고 두려워 그 집 앞을 쉬 지나가지 못했다. 양곤이네 대문 옆 어린 감나무는 감또개만 떨어뜨렸다.

마당에서 동생과 공깃돌놀이를 하는데 무엇을 태우는 냄새가 날아왔다. 할머니는 "저승길 가는데 쓸 노잣돈과 옷을 보내는갑다." 했다. 양곤이가 진짜 하늘나라로 가는가 싶어 골목길로 뛰어나갔다. 아이들과 어른들 몇이 둘러선 빈터에서 양곤이 아버지는 표정 없이 불길을 쑤석거리고 있었다. 양곤이가 입던 옷가지를 차례로 넣은 후 짤랑, 동전도 서너 번 던져 넣었다.

양곤이의 옷을 태울 때 튀밥 같은 하얀 재가 연기를 타고 한동안 골목을 휘돌아 하늘로 올랐다. 쭈그려 앉은 낭국할매는 "인자 아푸지 말거라." 하며 연신 울었다. 그 모습을 보며 나도 양곤이가 저세상에서는 잘 놀 수 있게 아프지 말라고 빌었다. 아이들도 하늘로 오르는 연기를 배웅하고 있었다.

며칠 후 소꿉동무가 눈깔사탕을 들고 와 내 손을 끌었다. 골목길 빈터에 가면 돈을 주울 수 있다고 했다. 나는 꺼림칙한 마음도 들었으나 혀끝에 고이는 그 달콤한 맛에 저절로 동전을 주우러 나섰다. 골목길에서 까만 동전을 발로 문질러 대충 깜장을 없앤 뒤 곧장 구판장으로 달려갔다. 그 사탕은 정말 달았다.

그 후로도 몇 번 그 빈터를 쫓아갔다. 하지만 이미 동네 아이들한테 소문이 났던지 더 이상 동전은 찾을 수 없었다. 먼 길 떠난 양곤이는 노잣돈으로 골목길 아이들에게 눈깔사탕 하나 둘씩을 주고 영원히 떠나갔다. 그 시절 골목을 뛰놀던 아이들은 그 애에게 무엇을 주었던가. 철부지인 우리들은 그 애의 처지가 다르다는 것을 이해하지 못하고 또래에 섞이지 못하는 것을 탓으로 여겨 놀리기도 하지 않았던가. 그 아이가 떠난 뒤, 헤어진다는 것의 의미가 단순히 날 저물어 집에 갈 때 친구에게 손 흔드는 것 정도로만 알았던 나는 영영 이별이라는 숨은 의미도 있음을 깨달았다.

낭국할매집 터에는 하얀 목조로 꾸민 전원주택이 들어서 있었다. 잔디 깔린 마당 한 구석에는 키 큰 감나무가 갈래갈래 가지를 뻗어 새잎을 한들거린다. 그 집 앞 골목을 지나다 대문간을 내다보던 양곤이의 야윈 몸과 흐린 눈이 생각나 걸음을 멈춘다.

- 골목은 이어지다

어린이집 일곱 살배기 얼레지반 아이들이 동네 산책을 가는 날이다. 어린이집을 운영하는 큰언니의 부탁을 듣고 천방지축 뛰는 아이들 보조교사로 따라나섰다.

거리로 나선 아이들은 새삼 호기심이 발동하는 모양이다. 평소에도 보았을 법한 꽃 한 송이, 벌레 한 마리, 제각각 생긴 건물 앞에서 저마다 한 마디씩 건넨다. 누군가 앞서 인도하는 제 선생님에게 "선생님, 저 꽃 이름 뭐예요?" 한다. 아직 건물을 짓지 않은 공터 가장자리에 키 큰 접시꽃이 피어 있다.

선생님이 뒤돌아서 아이들을 부른다. 아이들은 우르르 몰려들어 빨간 꽃잎을 만져 본다. 여자애가 "무궁화지요?"라고 한다. 선생님이 "이건 무궁화를 닮긴 했는데 접시꽃이란 거야."라고 설명하자, 그 애 얼굴에 실망한 빛이 가득하다. 선생님이 접시꽃 한 송이를 꺾어 그 아이 손바닥 위에 살며시 놓았다. "이것 봐. 이렇게 놓으니 꼭 접시같이 생겼지." 꽃을 받아든 아이의 얼굴이 금세 환하게 변했다. 아이들이 "저도요, 저도요." 한다. 어떤 아이는 벌써부터 징징대기 시작한다. 제 손에 접시꽃이 오지 않을지 모른다는 걱정이 앞선 모양이다. 선생님이 "꽃을 다 따면 접시꽃이 아프잖아. 이제 눈으로 보기만 하자."며 아이들을 겨우 달랜다. 아이들은 선생님의 말씀에 이내 돌아선다.

"와, 민들레다." 이번엔 내가 보도블록 사이에 뒤늦게 핀 민들레 갓털 달린 꽃대를 꺾어 든 후 아이들을 불렀다. 아이들이 접시꽃은 잊어버리고 내 곁으로 모였다. "이 틈에서 힘들게 피었네. 민들레 씨가 멀리 날아갈 수 있도록 후우 불어주자."라고 했다. 이번에도 아이들은 서로 제가 하겠다고 손을 든다. 나는 아이들 중 친구들과 잘 어울리지 못하는, 그래서 늘 보조교사인 나의 손을 잡고 가는 녀석에게 선뜻 내밀었다. 잠시 주저하던 아이가 입을 모아 바람을 만들었다. 하얀 꽃씨가 골목을 날았다. "또 해요, 선생님 잉." 아이들이 보챘지만 유월 철모르고 늦게 핀 민들레를 더 찾지 못해 난감했다.

그때 "와, 불고기 냄새다." 한 아이가 점심 장사를 준비하는 식당에서 나는 냄새를 맡고 크게 외쳤다. 아이들은 일제히 코를 킁킁거리더니 배고프다고 난리다. 웃고 떠들고 까불고 징징대는 아이들 소리에 상방 골목길이 슬슬 깨어나고 있다.

큰언니의 어린이집은 3년 전 우리 가족들이 살던 옛 집터에 세운 것이다. 아버지가 돌아가시기 전 딸들의 몫으로 남긴 것을 언니의 뜻에 따라 어린이집을 올렸다. 기와를 올린 안채와 슬레이트 지붕 사랑채, 그리고 우물이 있던 마당을 더 이상 볼 수 없지만 우리 가족이 살던 집터를 다른 사람에게 넘기지 않아 무척 다행으로 여기고 있다. 가끔씩 오늘처럼 언니가 보조교사로 불러주는 날이면 어린이집이 마치 내가 살았던 집인 양 그렇게 편할 수가 없다.

당연히 언니 어린이집에서 무룡산으로 가는 아이들의 산책로는 내가 어릴 적 뛰놀던 그 길이다. 하지만 구획정리를 피하지 못한 골목길에서 옛 모습을 찾을 수가 없다. 이제 그 길에선 봄철 학교 가는 길 노랗게 유혹하던 민들레를 흔히 볼 수가 없다. 여름철 잘 정돈된 머릿결처럼 바람 따라 흩날리던 초록 풀의 향연도 더 이상 볼 수 없다. 새마을 노래에 맞춰 빗질하던 정갈한 흙길은 기억에서조차 가물가물하다.

동네에는 놀이터가 따로 없었다. 뒷산이, 빨래터 도랑이, 친구네 마당이 그날의 놀이 종목이나 날씨에 따라 정해지는 놀이터였다. 무엇보다 골목골목이 아이들의 놀이터가 되어 주었기 때문이다. 방과 후 마루 끝에 가방을 던져두고 해가 저물 때까지 놀이가 되는 어떤 것이라도 만들어서 놀았다. 그러나 이제는 마당, 골목, 뒷동산에서 가댁질하며 놀던 그때와는 달리 요즘 아이들은 놀 틈을 잃었다. 또 골목길을 마주하고 주택과 원룸과 식당이 들어섰고, 아이들 혼자서는 건너기도 힘든 큰 도로가 이리저리 생겼다. 길에는 모두 아스팔트나 콘크리트가 깔렸다. 마음대로 뛰어놀지 못하는 회색의 골목길이지만, 아이들과 몇 차례 그 길을 동행하며 '그래도 골목길은 이어진다'는 것을 알게 되었다. 산책길에서 만난 공터의 접시꽃도, 때늦은 민들레도 아이들의 기억 속 한 장면으로 남을지도 모를 일이다. 먼 훗날 오늘은 이 아이들의 골목 이야기로 기억되리라.

이제 상방 골목길은 지난 세월의 길과 현재의 길이 깁고 잇대어져 재잘대며 걸어가는 아이들의 골목길로 거듭나고 있다.

고양이 아파트에서 떨어지다

창 너머로 외마디 비명 소리가 들렸다. 아이들이 우르르 창가에 몰렸다. 한낮의 더위 때문에 학원 창문을 열어 놓은 게 잘못이었다. 도대체 무슨 일일까? 나도 아이들 틈을 비집고 두근거리는 마음으로 창밖을 살폈다.

길을 가던 사람들이 혼비백산 분주하게 움직이기 시작했다. 젊은 여자 한 명은 얼굴을 감싸며 도망치듯 뛰어가고, 택시에서 내린 운전기사가 어디론가 급히 휴대전화를 하는 모습이 보였다. 그 사이 자전거를 타고 가던 중학생쯤 되어 보이는 남자아이가 자전거를 멈추고 학원과 마주보고 있는 도로변 아파트 화단 쪽을 조심스레 보더니 이내 휴대폰을 눌렀다.

몇 사람이 도로를 가로질러 중학생이 살펴보던 곳으로 달려가는 모습도 보였다. 그중에는 학원 옆 건물에서 서점을 운영하는 아저씨와 슈퍼 주인아저씨도 눈에 들어왔다. 무엇인가 확인한 서점 주인아저씨가 급히 아파트 경비실 쪽으로 달렸다.

급박하게 돌아가는 창밖의 상황들을 보고 있던 나의 손에는 어느새 땀이 차기 시작했고, 입 속이 바싹 타는 듯했다. 제발 아무 일 아니기를 빌었다.

그러나 한 아이가 '사람이다.'고 소리치며 손짓했다. 나의 시선이 아이의 손끝을 따라가 한곳에 머물렀다. 그곳에는 분명 사람의 다리, 살구색 사람의 다리가 화단 위에 널브러져 있었다. 가슴이 뛰고 소름이 돋았다. 나는 아이들을 창문 곁에서 밀쳐내고 창문을 닫아버렸다. 그제야 아이들이 보지 말아야 할 것을 보게 내버려두었다는 자책감이 들었다.

창문을 닫고서도 마음이 진정되지 않아 한동안 수업을 할 수가 없었다. 그새 아이들은 무슨 재미난 영화의 한 장면이라도 본 듯, 창밖으로 보았던 짧은 순간을 이야기했다. 그러던 중 한 아이가 "고양이가 떨어졌다."고 말했다. 초등학교 1학년 주희다. 다른 아이들이 사람이 떨어진 거라고 했지만 주희는 끝까지 고양이가 떨어졌다고 했다.

주희는 3학년들의 수업시간에 끼어 일기를 쓰고 있던 중이었다. 그 아이는 방금 아파트에서 떨어진 것이 고양이라고 확신하고 있었다. 얼마 전 자기가 사는 아파트에서도 똑같이 고양이가 떨어져 죽었다고 했다. 학교 가는 길에 자기의 눈으로 직접 보았다고 우겼다. 그래서 저기 떨어진 것이 사람이 아니고 고양이라는 억지 같은 논리를 폈다.

숨을 고른 나는 주희의 말에 힘을 실어 주었다. "그래 고양이야, 집에서 놀던 고양이가 혼자 심심해 베란다에서 놀다가 그만 떨어진 거야. 선생님도 그렇게 생각해."라고. 그런데 그 말을 하다 갑자기 울컥하며 눈물이 나오려고 했다.

그러나 3학년 아이들은 주희의 말도 선생님의 말도 믿지 않는 눈치였다. 분명 사람 소리였다는 아이, 사람 다리를 보았다는 아이, 고양이가 떨어졌는데 사람들이 왜 모이겠냐는 아이. 현장을 고스란히 본 그들을 따돌릴 방법은 없었다. 그 사이 앰뷸런스 소리가 났다. 호기심 많은 아이들이 또 재빨리 창문을 열었다. 나는 주희를 껴안았다. 그리고 아이들에게 창문을 닫게 했다.

그날 저녁 내내 화단에 널브러진 사람의 다리가 머릿속을 떠나지 않았다. 왜 죽음을 선택해야만 했을까, 사람들이 그렇게도 나약할까, 아파트에서 떨어질 용기로 무슨 일이든 할 수 있었을 텐데…. 끊임없이 나의 머리를 어지럽혔다. 그러다 주희가 말한 고양이를 떠올렸다. 어쩌면 절벽으로 내몰린 사람들이 길거리에 버려진 고양이들과 같은 처지일지도 모른다는 생각이 들었다.

새끼 고양이는 사람들의 귀여움을 받으며 자란다. 어린아이의 품에 안겨 새근새근 잠자는 어린 고양이를 보고 있노라면 그들의 아름다운 관계가 영원히 이어질 것 같다. 그런데 불과 몇 달이 지나면 고양이는 습성에 따라 사람의 손길을 외면하기 시작한다. 그러다 자신을 돌봐주는 주인에게서도 멀어져간다. 사람을 회피하기 시작한 고양이는 결국 자기 스스로 집을 나오거나 주인으로부터 버림받아 거리로 내쫓기고 만다. 스스로든 주인에 의해서든 집에서 쫓겨난 고양이들은 다시는 인간 세상의 울타리 속으로 돌아갈 수 없다.

가족으로부터, 친구로부터, 사회로부터 버림받은 혹은 버림받았다고 생각하는 사람들의 모습이 집을 잃은 고양이의 모습과 다를 게 없다. 막다른 골목에 내몰린 삶, 그들은 고양이처럼 돌아갈 집도, 받아줄 사람도 없었을 것이다. 아마도 고양이처럼 사람들을 피해 후미진 뒷골목을 찾아다니진 못해 삶의 반대편 길로 돌아섰을 것이다.

최근 자살이 도미노처럼 이어지고 있다. 대기업 회장에서부터 수천만 원의 카드빚을 진 집안의 가장까지 자살하는 사람들의 살아온 모습들이 다양하다. 그러나 그들이 자살을 선택한 이유는 집 잃은 고양이처럼 사람들의 울타리에서 벗어났다는 것이었다. 가족이, 친척들이, 이 사회가 자신들을 버렸다고 생각하며 그들은 몸을 던졌을 것이다.

다음날, 지역 신문을 보니 아파트에서 몸을 던진 사람은 40

대 여성이라고 했다. 친구 집에 놀러 왔다가 자신이 진 카드 빚 때문에 남편과 전화를 하던 도중에, 목소리가 높아지는가 싶더니 뭐라 말릴 새도 없이 그냥 뛰어내렸다는 친구의 진술이 적혀 있었다.

테레사 수녀님의 말씀이 생각난다. "현대인의 가장 큰 병은 나병이나 암 또는 폐결핵이 아니라, 스스로를 필요 없는 사람이라고 생각하는 것, 그리고 아무도 돌보아주지 않는다는 생각, 자신이 버려졌다고 생각하는 소외감입니다. 그리고 차갑고 냉정한 무관심, 가난과 질병에 사람이 희생되도록 내버려두는 사회적인 무관심입니다."라는 글귀였다.

거리로 내몰린 사람들에 대한 사회의 안전망이 절실히 필요하다. 더 이상 사람들이 아파트에서 뛰어내리는 위험한 사회가 되지 않았으면 한다. 아파트에서 떨어진 것이 고양이라는 어린 주희의 믿음이 언제까지나 깨지지 않기를 바란다.

바람 소리

올해도 예약이나 한 듯 마무리 수업을 마친 날 저녁부터 온몸에 미열이 나고 잔기침이 시작되더니 어느새 열이 불덩이처럼 올라버렸다. 밥맛을 완전히 잃어버린 채 꼬박 이틀을 자리에 누워 있어야 했다.

겨울만 되면 나는 건강을 잃곤 한다. 벌써 몇 년째다. 그것도 연말에 일주일 정도 잡혀 있는 학원 방학을 하루 이틀 앞두고 골골거리기 시작한다. 지난 일 년 동안의 긴장 속에서 나도 모르게 빠져나오는 허탈함이 몸살로 나타나는 모양이었다.

남편의 채근을 이기지 못하고 사흘 만에 집 근처 의원에 가보았지만, 의사는 뚜렷한 병인을 찾지 못했다. 그러더니 부인과 병일 수도 있다며 큰 병원에 가보라고 했다. 순간 긴장하는 남편에게 "내 병은 당신도 잘 알잖아." 하며 의사의 말을 애써 외면하려 했다. 또 하루 이틀 더 쉬면 곧 나아질 것이라고 내 자신에게 최면을 걸었다.

그런데 날이 어두워지고 밤이 되자 괜찮으리라는 믿음은 차차 내 속에서부터 무너져 내리고 있었다. 쿡쿡 쑤시고 무겁게 결리는 병세가 예년에 겪은 몸살과는 분명한 차이가 있었다. 우선 허리 통증이 심했고, 먹은 것이 없는데도 아랫배를 묵직하게 짓누르는 느낌이 계속되고 있었던 것이다. 몇 년 전 부인과 쪽에 탈이 나 열흘 가까이 입원을 한 일이 떠올랐다. 그때의 증상들과 비슷한 점이 많았다. 불안은 불면으로 이어졌다. 어쩌면 이번엔 수술대에 오를지도 모른다는 생각에 밤새 잠을 설치다 새벽녘이 되어서야 깜박 잠이 들었다.

다음 날 오전에 서둘러 병원을 찾아갔다. 다행히 의사로부터 가벼운 진단을 받고 영양제까지 한 대 맞고 나니 입맛이 돌아오는 것 같았다. 먹을 것이 눈에 보이기 시작했다. 그렇지만 막상 음식을 앞에 두고는 수저를 제대로 들지 못했다. 여전히 묵직한 아랫배가 마음에 걸렸고, 메스꺼움이 사라지지 않고 있었다. 점심을 먹다 말고 바깥바람을 쐬면 괜찮겠거니 하는 마음에 남편을 졸랐다. 나를 번연히 보던 남편도 내 뜻을 알겠단 듯 말없이 차 열쇠를 들고 나섰다. 차를 타고 나서 어디로 갈까 하다가 선뜻 기림사로 가자고 했다.

기림사는 뭔가 답답하고 마음이 가라앉을 때면 가끔 찾아가는 곳이다. 경주에서 감포로 가는 길. 그 길의 중간쯤에서 습관처럼 들르는 산사, 그곳에 가면 찌든 내 마음 보따리를 맑은 바람에 씻고 돌아올 수 있으리라 생각되었다.

기림사는 감포에서 경주 쪽으로 넘어가는 길 가운데쯤 안동리란 마을에서 북쪽으로 방향을 돌리면 만날 수 있다. 남편은 경주를 거쳐 가는 길 대신 바닷바람을 쐬자며 정자바닷가와 감포를 통해서 기림사로 가는 길로 차를 몰았다. 그러나 며칠째 방안에 드러누워만 있었던 나에게 그 길은 식은땀 날 정도로 고통을 느끼게 하였다. 정자 고개를 넘을 즈음부터 속이 울렁거렸다. 몇 번이나 해변에 차를 세운 탓에 늦은 오후가 되어서야 겨우 기림사에 도착하였다.

겨울 해거름의 산사는 고즈넉했다. 넓은 주차장엔 겨우 몇 대의 승용차만 보일 뿐이었다. 주말을 맞아 혹시나 하며 주차장 모퉁이에 가을에 말려 두었던 산나물 좌판을 벌였던 할머니들이 일찌감치 판을 접고 있었다.

남편의 팔을 의지해 진입로를 따라 산문으로 향했다. 한순간 키 큰 나무를 스친 찬 겨울바람이 뺨을 세차게 후리고 지나갔다. 순식간에 몸이 움츠려지고 다리가 떨렸다. 제법 가파른 산길을 몇 번이나 쉬었다 걷다 하며 겨우 일주문에 다다를 수 있었다. 그곳에 샘이 있었다. 명안수, 눈을 밝게 하는 물이라고 했다. 샘은 한겨울인데도 얼지 않았다. 남편이 물빛도 보이지 않는 샘에서 한 모금 적실 만큼의 물을 길어 내게 내밀었다. 적당히 찬물이었다. 쓰디쓴 입을 지나 목구멍을 타고 뱃속으로 흘러드는 느낌이 고스란히 전해져 왔다. 눈이 아니라 아직도 메스꺼운 뱃속을 깨끗하게 해주었으면 하는 세속의 티끌을 띄워 보냈다. 그런데 물을 마신 후 몇 걸음 떼자마자 속이 뒤틀리기 시작했다. 배를 부여잡고 길섶 배수로에 가서 한바탕 토악질을 하고 나서야 차츰 눈이 뜨이고 괜찮아졌다. 따라와 등을 쓸던 남편은 "속이 뒤틀리는 것이 아니라 이제야 속이 제자리를 잡아가는 것"이라고 했다. 나도 그렇게 믿고 싶었다.

기림사가 위치한 곳은 함월산. 토함산에 위치한 불국사가 달을 토吐하면, 기림사가 그것을 머금는含 형국이라고 한다. 그래서 두 가람은 오랜 시간 속에서 주거니 받거니 하며 질긴 맥위에 함께 있다. 기림사는 한때 경주 불국사를 말사로 거느릴 만큼의 거찰이었다고 한다. 그러나 세월은 두 절의 규모와 위상까지도 바꾸어 놓았다. 기림사는 심연 산중에 위치해 있어 사람들이 쉬 찾을 수 없는 까닭에 지금은 오히려 불국사의 말사가 되고 말았다. 그러나 산사는 언제나 천년의 미소로 반겨준다.

기림사의 대웅전은 최근에 중건해 규모가 커졌다. 새것이 옛것을 밀어내는 것이 당연하다 싶으면서도 내 눈엔 바뀐 대웅전이 아직 낯설다. 그래서 나는 기림사에 가면 옛 모습을 고스란히 가지고 있는 대적광전 앞마당에서 서성이는 시간이 많다. 대적광전의 앞마당에는 수령 오백 년이 넘은 보리수와 노송 한 그루가 우뚝 서 있다. 또 한쪽에 부처의 사리를 모신 석탑이 천년의 세월을 견디고 서 있다. 그 나무들과 석탑은 그저 자리에 있는 것만으로도 찾아오는 이들의 마음을 숙연하게 만드는 힘을 가지고 있었다.

나는 남편의 팔에 의지해 대적광전 마당 한가운데 서서 사방을 한 바퀴 휘돌아보았다. 오늘따라 봉우리들이 유난히 높게 보였다. 지난여름에 손에 닿을 듯 가까이에 있던 그 봉우리들이 거칠고 가파른 속살들을 다 드러내 놓고 있었다. 멀거니 보고 있자니 현기증이 났다. 또다시 헛구역질을 시작으로 기침이 났다. 기침을 가라앉힌 후 혼자 탑 주위를 몇 바퀴 돌았다. 그러자 두툼한 외투 속에서 식은땀이 흘렀다. 어질어질하던 머리도 낫는 것 같았다.

외투에 달린 모자를 벗고 산사의 바람을 맞아 들였다. 바람은 풀어진 옷깃 사이로 쉴 새 없이 들어와 내 몸의 식은땀을 씻어 내렸다. 입을 벌려 차가운 바람을 한 입 베어 물고는 그대로 삼켰다. 그제야 겨울산사를 찾을 때마다 정신없이 취해 듣던 바람 소리가 들리기 시작했다. 나는 온몸으로 쨍한 바람 소리를 좇기 시작했다.

골짜기를 휘감아 도는 바람 소리, 대나무의 청록 잎들을 일으키는 바람 소리, 넓은 절 마당을 나뒹구는 바람 소리, 처마 끝에 매달려 떨고 있는 바람 소리, 목탁 소리를 실어 오는 바람 소리, 저녁공양을 준비하는 연기를 몰고 다니는 바람 소리, 수백 년 세월을 견딘 대적광전의 문살을 때리는 바람 소리…. 그리고 내 속에 들어왔다가 급하게 어디론가 나가는 바람 소리까지.

나는 비로소 내 병의 원인을 알 것 같았다. 버거운 줄도 모르고 세상을 향해 덤빈 내 탓이었다. 새해 아침 큰 욕심 부리지 않고 살겠노라고 그렇게 다짐해 놓고도 끝내는 일상에 휘둘린 내게 또 다른 내가 내린 벌인지도 모른다.

'나무관세음보살….'

천수불 앞에서 조용히 엎드렸다. 진한 향 내음이 몸속을 천천히 파고들어가 손끝에서부터 피돌기를 시작하는 듯했다. 문밖에서는 아직 지치지 않았단 듯이 쨍한 겨울바람이 맴돌고 있었다.

병수 후배님아

휴대전화를 드니 빨간 '✉1' 표시가 떠 있다.

부고

18기 김병수 부친 별세

빈소: 함양군 함양 장례식장 102호

후배 이승해 알림

김병수는 어느 해 여름부터 내가 병수 후배님아, 라고 부르게 된 이다.

후배는 작년 아버지 발인 날 새벽 장례식장 끄트머리에 나타났다. 일찍 찾아오지 못함을 미안해하며 나를 위로했다. 트럭을 몰고 함양서 밤새 오느라 꺼칠한 얼굴 위엔 여전히 뿔테

안경이 얹혀 있었다. 수더분한 외모에 목소리마저 탁해서 이십여 년 전 학보사에서 처음 보았을 때부터 촌사람 같았다.

수습기자 환영 술자리에서 나랑 동갑내기란 사실을 알게 됐다. 나보다 두 기수가 어리니까 여느 후배와 같은 줄 알다가 좀 난감했었다. 그러나 치기 어린 그때 마음으로 나는 '나이가 무슨 상관인가, 후배는 후배일 뿐'이라며 선배노릇을 했다. 더구나 같은 과 후배이기도 하여서 얼굴 부딪히는 일이 많아 저는 싹싹한 후배로 나는 각 잡는 선배로 자리를 굳혔다.

대학졸업 후 서로 소원해졌다. 다시 병수를 만나게 된 날은 내가 첫아이 돌잔치 준비를 하러 나간 역전 장터에서였다. 커다란 뿔테안경을 낀, 어색한 웃음을 지으며 나를 알아봤다. 반가운 마음에 한쪽 길가에서 주절주절 지난 시간을 얘기했다. 뭔가 할 말이 많은 듯 그는 두서없이 근황을 읊어댔다. 우리와 마찬가지로 학보사 커플 부부이기도 한 그는 유모차에 앉은 큰아이를 쓰다듬으며 다운증후군 장애를 가진 백일 된 아기가 있다는 얘기를 했다. 그때는 다운증후군이 뭔지 몰라서 아기가 조금 아픈가 보다 생각하며 칭얼대는 아이 때문에 그길로 헤어졌다.

그러고 다시 잊고 살았다. 아이가 일곱 살쯤 되던 해인가. 아침밥을 먹으며 무심히 본 텔레비전 화면에 후배 부부가 젊은 귀농인으로 소개되고 있었다. 지리산 자락 함양 어느 마을에 풀을 매고 있는 후배 병수의 모습과 마을 회관에서 동네 일을 하는 그의 아내 혜란이의 일상을 화면에 담아냈다. 놀랍기도 하고 반갑기도 해서 숟가락을 든 채 한참이나 그대로 있었다.

그해 여름, 방송에서 유명세를 탄 젊은 이장 김병수를 찾아 학보사 옛 선배들이 휴가 겸 가족여행을 나섰다. 우리 부부도 아이를 태우고 고속도로를 달리다 꼬불꼬불 산길을 따라 어릴 적 고향 마을 같은 시골마을에 도착했다. 열대여섯 명의 외지인들이 차례로 들어서니 금세 마을은 북적댔고 미리 준비를 하고 있던 병수네 부부도 환하게 웃으며 우릴 맞아주었다. 폐교가 된 초등학교 구석에서 염소를 잡아 곰국도 하고 고기도 구워 먹으며 얘기꽃을 피웠다. 화제는 단연코 젊은 귀농인 부부의 칭송과 부러움으로 이어졌는데 묵묵히 일손을 놀리는 부부의 옆얼굴이 밝지 않았다. 그것이 여름 저녁 땅거미가 내려앉았기 때문이 아니란 것을 곧 알 수 있었다. 딸려 온 아이들이 하나둘씩 텐트 속으로 들어가 잠들 즈음 술잔을 기울이던 후배가 피치 못할 귀농 사유를 털어놓았다. 장애를 가진 아들을 마음 놓고 데리고 다닐 수 있는 곳이 필요했다고, 도시에서는 도저히 자기 아들을 내놓을 수가 없어서 부모님이 계시고, 자기가 뛰어놀던 고향으로 올 수밖에 없었다고 했다. 그런데 학교는 그 사이 폐교가 됐고 아이는 점점 더 나빠지니 어째 볼

도리가 없다는 말끝에 그는 눈물을 보였다. 술이 후배를 울게 했고, 그가 제 아내를 울게 했다.

그러고 보니 낮 동안 병수 후배네 부모님과 아이를 보지 못했다. 나는 침묵에 싸인 술자리에 앉아 너무도 깜깜한 운동장 반대편을 응시하다 한기를 느꼈다. 그 자리에 앉은 이들 모두 별빛이 너무 반짝거려 눈만 끔뻑거렸을 것이다.

이튿날, 병수는 이장님 모습으로 아침 일찍부터 동네 계곡을 소개했고 지리산에서 나는 산나물을 봉지봉지 담아 나눠주었다. 점심을 먹고 정리를 할 때, 어르신 내외가 고무줄바지 안에 기저귀를 찬 아이를 데리고 배웅을 나오셨다. 일곱 살짜리 아이의 행동은 갓난아기와 같았다. 아이들을 보고 좋다고 팔을 흔들며 뒤뚱대는 아이가 안타까워서 돌아오는 내내 눈에 밟혔다.

새천년을 스무날 앞두고 아버님이 돌아가셨다. 갑작스럽기도 했지만 집 안에서 난 상이라 빈소를 부득이 안방에다 차리게 되었고 시골에서나 봄직한 장례절차를 따르게 되었을 때 병수 후배는 천막과 실외용 가스용구 등을 싣고 달려와 바깥일을 살펴주었다.

그런 그가 이제 하늘을 잃는 변을 당했노라고 문자가 떴다. 마음은 조금도 망설이지 않고 곧장 달려가 후배의 손을 잡고 위로해야 하리. 그러나 장례기간에 드는 이삼 일 동안 남편이

나 나나 모두 직장에서, 집에서 힘들고 중요한 일들이 계획되어 있어 갈등이 생겼다. 어쩌나, 어쩌지….

수소문을 해서 부조금이라도 부치고 뒷날에 통화를 해야겠다, 내가 내린 결론이었다. 남편에게 그리하겠노라 하니 남편의 목소리가 무거웠다. 달리 방법이 없다는 동조의 목소리가 기어들어갔다. 오후 내내 미안한 마음에 일도 제대로 못하고 퇴근을 하니 뜻밖에 남편도 일찍 와 있었다.

그날 밤 늦은 시간에 남편과 나는 고속도로를 달려갔다. 불빛을 마주하며 달려오고 달려가는 차들처럼 남편과 나도 후배의 마음이 되어 함양으로 가고 있었다. 머리 희끗희끗한 그에게 병수 후배님아, 불러주며 어눌한 위로를 건넬 차례였다.

소통

"…/ 물바가지 떠 담던 접동새 소리 별 그림자/ 그 물로 쌀을 씻어 밥 짓던 냄새 나면/ 굴뚝 가까이 내려오던/ 밥티처럼 따스한 별들이 뜬 마을을 지난다…" 도종환 시인의 〈어떤 마을〉이다. 시골마을 초저녁의 별들을 '밥티'라고 한 시인의 표현이 마음을 잡는다.

이런 단어 하나가 글을 쓰기 시작하면 아쉬울 때가 많다. 어떤 글은 단어 하나로도 사람들의 가슴속에 오래 남는다. 이 때문에 글을 쓰는 사람이라면 끊임없이 낱말 하나에도 집착한다.

나는 마음에 드는 단어가 내 속에 들어왔을 때 마치 첫사랑을 만난 것과 같은 설렘에 빠진다. 그리고 어떻게 하면 내 사람으로 만들까 하는 마음이 충만해진다. 이 단어 하나는 내가 내 안으로 들어가는 실마리가 된다. 그런데 이런 단어는 멀리 있지 않았다. 외출할 때 한 번도 빠뜨리지 않는 손가방처럼 늘 쥐어지던 단어가 어느 순간 새롭게 파고들 때가 많았다.

어느 날 '소통疏通'이란 낱말이 마음에 들어왔다. 소통은 '막히지 아니하고 잘 통하는 것'이다. 소통이 원활한 고속도로, 의사소통이 이뤄지는 사회 등과 어울리는 말이다. 그동안 글을 쓰면서 이 단어를 가져와 쓰기란 쉽지 않았다. 길가 돌멩이처럼 나의 소용과는 먼 거리에 있었기 때문이다.

그런데 소통이란 단어가 '벽' 하나를 넘어서자 사정이 달라졌다. 삼면이 온통 벽인 다락방의 한 면에는 숨통 같은 작은 창이 하나 나 있다. 무심히 이 창을 통해 세상을 바라볼 때가 많다. 마치 사각의 틀 속에 담긴 풍경화를 보듯 처연히 창밖을 보고 있노라면 단어 하나, 문장 하나쯤 떠오르기 마련이었다.

그러다 문득 이 창을 통해 누군가 나를 들여다볼 수도 있을 것이란 생각을 하게 되었다. 내가 이 조그만 창을 통해 세상을 보듯, 세상도 이 창을 통해 나를 볼 것이다. 마치 구도자처럼 소통의 의미를 하나 얻은 것이다. 그때부터 소통은 내 마음속에 새롭게 머물기 시작했다. 하지만 우리 사회에서 소통은 미사여구가 되어 지천으로 깔렸다. 정치를 하는 사람도, 시민운동을 하는 사람도 모두 '소통'이란 단어를 즐겨 쓰기 시작한 것이다.

지금 정부는 국민들과의 소통을 강조하며 참여 정부라 하고 있다. 참여 정부는 국민들과의 소통을 위해 갖가지 정책을 내놓고 있다. 하지만 많은 부분 국민들의 정서와 따로 있는 듯하다. 부동산 정책도 그렇다. 집을 여러 채 보유하는 것을 막는다며 세금을 올려놓았지만, 아파트 분양권을 따내기 위한 전쟁은 여전하다.

지방자치단체에서 벌이고 있는 담장 허물기도 소통의 일환으로 시행하고 있다. 관공서의 담을 허물어 행정기관과 시민들이 쉽게 소통할 수 있도록 하고, 주택의 담을 허무는 것도 이웃과 정을 소통하기 위한 것이라 홍보하고 있다. 그런데 정작 담을 허무는 이는 적다고 한다. 아직도 담 없이는 불안한 세상을 간과한 탓이다. 주민들의 마음도 보지 못한 채 '소통'을 섣불리 이야기한 것이다.

국어사전을 펼쳐 소통의 뜻을 다시 읽어보았다. '막히지 아니하고 잘 통하는 것'이란 의미 뒤에 '뜻이 서로 통해서 오해가 없음'이라는 뜻도 나온다. 그렇다. 소통은 상호 작용이다. 소통은 한쪽이 일방적으로 매달리는 짝사랑이 아니라 쌍방이 이심전심으로 통했을 때 마음을 저절로 움직이는 단어인 것이다. 한 사회 또는 조직이 어떻게 조화를 이루고 있는지는 진정한 소통의 여부를 따져 보면 쉽게 알 수 있다. 삐걱거리는 조직은 구성원들 사이에 소통이 이뤄지지 않고 있을 게 뻔하다. 흔들리는 가족 역시 어떤 형태로든 소통의 문제를 겪고 있게 마련이다.

소통은 나를 열어 상대가 나를 잘 들여다볼 수 있도록 배려하는 게 우선이다. 나를 열지 않으면 진정한 소통은 없다.

곡선

울산의 연암동은 내가 어린 시절만 해도 그야말로 '촌'이었다. 둥그런 초가지붕들이 듬성듬성 자리하고, 산비탈 논밭이 구불거리던 농촌이었다. 윗동네 친구 집에라도 나서면 초가와 밭 사이로 난 고샅길을 굽이굽이 돌아 걸어가야 했다. 어쩌다 고봉밥 같은 뒷산에 오르면 큰 도로 건너 함월산 자락의 봉우리들이 마치 물결치듯 눈앞에 펼쳐졌다. 친구들과 뜀박질하며 놀던 논두렁 밭두렁도 고불고불 곡선이어서 아련하게 들려오는 접동새 소리에 잠시 정신이 팔리면 영락없이 넘어지기 일쑤였다. 그렇지만 무던한 두렁들 탓에 크게 다치는 일은 없었다. 마을이 온통 부드러운 곡선뿐인 탓이었을까. 마을 사람들의 심성도 그다지 모나지 않고 다들 평화로웠다.

자연에는 원래 직선이 없다는 생각이 든다. 설령 직선의 모습을 보인다 해도 그것은 큰 곡선의 일부일 뿐이라는. 그래서인지 우리 조상들은 자연을 닮은 곡선의 삶을 취한 것 같다. 우리 문화유산을 답사했던 유홍준 교수는 우리 문화와 일본의 문화를 '곡선과 직선'으로 설명했다. 우리나라 고가의 지붕을 봐도, 절집의 처마를 봐도 쉬이 휘어질듯 한 곡선이라고 했다. 반면 일본의 신사나 가옥의 구조는 대부분 직선이라고 한다.

도종환 시인은 〈부드러운 직선〉을 노래했다. 부드러운 직선은 직선들이 모여 만든 곡선이다. 그런데 언제부턴가 사람들은 직선을 만들고, 직선을 좋아하기 시작했다. 둥그런 초가를 헐어내고 네모반듯한 집을 만들더니 이제는 성냥갑 같은 아파트를 찍어내듯 만들고는 프리미엄까지 얹어가며 좋아하고 있다. 고불고불 이어지던 동네의 골목길도 거의 사라지고 차량들이 쉽게 다닐 수 있는 직선도로가 그 자리를 차지했다.

태화강도 태화교 하류부터는 거의 직선이다. 제방을 따라 달리는 도로도 직선이다. 뿐만 아니라 강 주위에 들어선 건물들도 모난 모서리를 가진 직선이다. 나 보란 듯이 잘 꾸며진 둔치도 온통 직선이다. 태화강이 생태의 강으로 되살아났다는 이야기를 많이 한다. 하지만 마치 넓은 도로처럼 직선으로만 만들어 놓은 강을 두고 생태의 강이라고만 할 수는 없을 것 같다. 안타깝게도 어릴 적 멱을 감으러 나서던 동천도 제방공사가 한창이다. 굽어 흐르던 물길도 이제는 더 이상 볼 수 없게 된 것이다.

지난 달 노랗게 물들인 태화강 둔치의 유채꽃밭을 천천히 걸은 적이 있다. 그런데 해마다 많은 시 예산을 들여 꾸며놓은 네모반듯한 꽃밭은 별다른 감동을 주지 못했다. 유채꽃의 노란 색깔만 깔끔할 뿐이었다. 그러면서 메밀꽃의 마을 봉평이 떠올랐다. 나는 '소금을 흩뿌려 놓은 것'같은 메밀꽃밭을 걸어가다 어느 순간 길을 잃어버린 줄 알았다. 길은 어느새 사라지고 사방은 온통 메밀꽃 천지였다. 꽃밭 길 한 굽이를 접어들었는데도 꽃밭의 한가운데 서 있는 듯한 착각을 일으킨 것이다. 그날 고불고불한 길섶에서 느꼈던 감흥을 잊을 수 없다.

내년에는 태화강 둔치의 부드러운 꽃길을 기대해 본다. 직선으로 펼쳐 놓은 강물과 조화로운 곡선의 꽃길로 모나지 않은 세상을 보여주길 바란다.

라이터돌을 찾아서

학원에서 돌아올 시간이 훨씬 지났는데도 좀처럼 아이의 모습이 보이지 않았다. 부엌 창 너머로 보이는 길가로 5, 6학년은 됨직한 큰 아이들의 모습이 보이자 조바심이 일기 시작했다. 아침에 넉넉히 준 학원 책값이 마음에 걸렸다. 혼자인 것이 안쓰러워 품안에 넣다시피 키워서인지 얼마 전까지만 해도 4학년인 아이는 아직 세상 물정을 잘 몰랐다. 아이는 그 또래 남자애들이 쉽게 빠지는 문구점 앞 오락기를 하는 일도 없었다. 용돈이라고 몇 백 원을 호주머니에 넣어줘도 쓰는 일이 별로 없었다. 숙맥이었지만 나는 그것에 오히려 안심이 되었다.

그런데 내가 새로운 일을 시작한 후 아이는 빨리 또래 세상에 적응해갔다. 어머님이 집에 계시지만 아이의 남는 시간이 불안해 학원 두 곳을 다니게 하였다. 그래서 여느 아이들처럼 하루 종일 학교와 학원을 오가게 됐다. 그런 아이에게 용돈을 올려 줄 수밖에 없었다. 점심이야 학교 급식으로 해결하면 되지만 한창 크는 아이의 간식을 챙겨주지 못한 마음에 하루 천 원, 어떤 때는 햄버거 값으로 몇 천 원을 쥐여 주었다. 서서히 아이의 씀씀이가 커지는 것이 눈에 보였지만, 그런 상황이 아이 스스로 원한 것이 아니었기에 그냥 지나칠 수밖에 없었다.

오늘 아침에도 학교 가는 아이에게 학원 문제집을 사라고 만 원짜리 한 장을 주어 보냈다. 거스름돈은 쓰지 말고 가져오란 말을 하지 않았다. 햄버거 값 정도도 남지 않을 것이기 때문이었다.

초여름 긴 해가 저물 무렵에서야 아이가 무거운 가방을 축 늘어뜨린 채 저만치서 걸어오는 모습이 보였다. 늦기는 했지만 별 탈 없이 집으로 돌아오고 있다는 마음에 긴장이 풀어졌다. 다시 내 손은 아이의 저녁을 준비하느라 분주해졌다.

현관문을 들어선 아이는 건성건성 인사를 하고 소파에 앉아 리모컨으로 텔레비전을 켰다. 왜 늦었느냐고 물어 보았지만 아이는 "그냥요."라는 짧은 대답을 할 뿐이었다. 순간 화가 올라왔다. 퇴근해 집에 돌아온 후 한 시간 넘게 발을 동동 굴렀는데도 아이는 무성의한 대답을 한 후 텔레비전에만 열중하고 있는 것이 밉기까지 했다. 나는 화난 목소리로 문제집 사고 남은 돈 어떻게 했냐고 물었다. 그런데 아이는 그 말을 듣지 못했는지 대꾸도 하지 않고 텔레비전에 시선을 고정시키고 있었다. 부엌일을 멈추고 '이건 아니다.' 싶어 아이에게로 갔다. 텔레비전에 열중하는 아이의 등짝을 한 대 때린 후 문제집 사고 남은 돈 어떻게 했냐고 다시 물었다. 뭔가 평소와 다른 엄마의 모습에 아이는 화들짝 놀란 눈으로 쳐다보다 말문을 열기도 전에 닭똥 같은 눈물부터 흘렸다. 못마땅해서 더욱 다그쳤더니 아이는 문제집을 사고 남은 돈으로 길거리에서 파는 간식을 먹고 오락기를 하는 데 써 버렸다고 했다. 순간 그 또래의 대열에 뒤늦게 합류한 아들의 모습에 한 가닥의 안도와 어떤 안타까움이 교차되었다. 아이의 눈물 자욱이 거무레한 그림으로 번지는 것을 보면서 열 살 남짓했을 때의 기억이 떠올랐다.

아버지가 어쩌다 담배를 물며 딱 불을 켜던 '라이터'. 그 라이터 뚜껑을 열라치면 싸한 휘발유 냄새가 먼저 콧구멍으로 들어왔다. 어느 날 라이터에 들어가는 원통형의 부싯돌을 끼워 넣는 것을 본 적이 있다. 그 라이터돌이란 게 얼마나 앙증맞게 작은지 내가 알고 있는 돌은 아니었다. 모래알이라면 몰라도…. 그런 라이터돌이 아버지의 뭉툭한 손끝에서 또르르 떨어져 어디론가 갈까 봐 나도 모르게 눈을 굴렸었다. 용케 아버지가 놓치진 않았다. 라이터돌은 성가시기도 했지만 귀한 요물이었다.

어느 날, 아버지는 나에게 라이터돌을 몇 개 사오라는 심부름을 시키셨다. 마을 초입에 있는 구판장까지 걸으면서 십 원짜리 한 개를 잃어버리지 않기 위해 손아귀에 힘을 주었다. 한참 뒤에 나는 구판장에 도착했고 아버지가 시키는 대로 주문을 했다. 아주머니께서 내 손을 잡아끌어다가 펴더니 진짜 눈곱만 한 라이터돌 세 개를 놓고는 도로 꽉 쥐어주셨다. 흘리지 말고 가라는 당부도 하였다.

그 손을 다시 펼쳐본 것은 우리 집이 보이고서였다. 세 개가 잘 있겠거니 하며 펴 본 것인데…. 하나가 아무리 보아도 보이지 않았다. 그날 나는 돌이 박힌 흙길을 날이 어두워 바닥이 보이지 않을 때까지 오갔다. 그러나 라이터돌은 끝내 눈에 들어오지 않았다. 결국 하나를 잃어버린 채 집으로 가서 아버지께 눈물로 잘못을 고했다. 아버지는 울먹이며 말하는 내 이야기를 알아들으셨는지 땀이 잔뜩 배었을 내 손바닥에서 라이터돌 두 개를 가져가셨다. 아버지의 묘한 표정, 지금 생각해보면 웃음을 참지 못한 표정이었을 터였지만, 열 살짜리 나에겐 억지로 화를 참고 있는 것처럼 보였다.

아이에게 '라이터돌 같은 작은 물건이라도 소중히 여길 줄 알아야 한다.'는 것으로 이야기를 마무리했다. 아이는 그저 알았다는 듯 고개를 끄덕였지만 요즘에는 그 존재마저도 물음표가 되어버린 라이터돌 같은 이야기를 정말 알아들었을까? 물질이 넘쳐나는 요즘 아이들에게 지난 세대들의 절약정신을 이해받기란 쉽지 않을 것이기 때문이다. 라이터돌 세 개를 아이의 작은 손에 꽉 쥐여 주고 싶은데 어디서 그 옛날의 라이터돌을 찾을 수 있을까?

장갑 한 짝

김 대표가 전화를 했다. 동인지가 나왔다는 것이다. 두어 달 전에 연간 협회지가 나와서 책을 주었더니 이번에는 제 차례라고 여긴 모양이다.

무척 기온이 낮다는 아침 방송을 듣고 긴 외투를 껴입고 장갑을 찾았더니 어디에 두었는지 기억나지 않았다. 서랍장을 이리저리 헤집다보니 까만 털실 장갑이 보였다. 오른쪽 한 짝뿐이었다. 이번엔 작은 리본 달린 가죽장갑이 한 짝, 왼쪽이었다. 짝짝이다. 지난겨울에 어디서 잃어버린 뒤 혹시나 제 짝이 나오겠거니 하며 넣어둔 기억이 났다.

약속 시간이 다 돼서 할 수 없이 짝짝이 장갑을 들고 차를 타러 갔다. 운전대가 얼음장이었다. 오른손에 까만 털실 장갑, 왼손에는 검은색 가죽 장갑을 끼고 도로를 나섰다. 재질은 다르지만 색깔이 같으니 언뜻 보면 잘 모르겠지 싶어 느긋해졌다. 짝짝이 장갑은 각각의 재질만큼 양손을 덥혀 주었다.

중학교 3학년 때, 같은 반이었던 친구는 내 고향 마을로 이사를 왔다. 아니, 이미 동네 외곽에 중소기업을 운영하고 있던 아버지 회사 안 사택에 들어오게 된 것이다. 그래서 깍쟁이같이 말쑥한 그 애와 내가 단짝이 되었다.

친구는 딸 셋 있는 집안의 장녀였다. 대학 졸업 후 그의 아버지를 도와 일하던 회사를 최근에 물려받은 사업가다. 친구 이름도 내 이름만큼이나 흔한 덕에 내가 헷갈리지 않으려고 저장한 이름이 '김 대표'이다.

친구 회사 근처의 대구탕 집에서 뜨끈하고 시원한 점심을 먹은 후 근처 찻집으로 가려고 친구 차를 처음 탔다. 차를 타고 돌았지만 마땅한 곳이 없어 빵집에서 커피를 사 와서 차 안에서 홀짝거렸다. 너무 뜨거워서 천천히 시간을 끌어야 했다.

사춘기 시절, 사장님 집인 그녀의 환경을 부러워했다. 고만고만하게 살던 동네 친구네와는 달랐다. 가정시간에 설명으로 들었던 냉장고와 전자레인지를 처음 본 것도 그때였다. 큰 승용차를 타고 시내 나가서 외식을 같이 한 것도 아주 새로운 경험이었다. 반대로 그 친구는 우리 집에서 나를 내버려두는 시간을 부러워했다. 자기에게는 자유가 없다며 사춘기 시절 제 엄마에게 더러 반항도 하였다.

친구가 스마트폰을 꺼내 지난시절 가족사진을 편집해 만든 영상을 보여주었다. 사진을 넘기며 친구는 열심히 이야기했고 나도 부지런히 호응했다. 잠시 후, 짧은 영상 안에 가두어둔 30여 년의 세월이 무상하다 싶어 서로 말이 없어졌다. 커피도 식었다. 나도 모르게 홀짝 다 마셔 버렸다.

헤어질 시간이 되었다. 또 보자며 차에서 내려 가볍게 인사를 하고는 문을 닫으려할 때 "왜 한 짝뿐이지?" 하며 비싼 가방을 뒤적거렸다. 김 대표의 손에 달려 나온 것은 가죽장갑 한 짝이었다. 잘 찾아보라며 잠시 말미를 주어 기다려도 친구는 어디서 잃어버렸는지 모르겠다며 설핏 웃었다.

장갑 한 짝이라니. 이런 우연이, 하하.

비싼 가방 안에도 짝 잃은 장갑 한 짝이 있었다. 10대에 만나 청춘을 건너뛰고 불혹의 시대에 다시 만난 친구와 나는 여전히 제 밥그릇 크기대로 살아가지만 삶의 현장에서는 자신의 한 쪽을 버리거나 잃거나 혹은 잊은 채 뒹굴고 있다. 친구는 지금 딸 둘을 데리고 혼자 산다. 저간의 사정은 자세히 듣지 못했다. 몇 해 전 조카 졸업식장에서 우연히 제 큰딸의 졸업식을 혼자 보러 온 친구를 만났을 때 짐작이 갔다. 얼마 뒤 약속 잡아 술 한 잔을 하게 됐을 때 어색한 웃음으로 따로 지낸 지 몇 해 되었다 했다. "우짜겠노…." 나는 고작 이 말밖에 하지 못하였다.

차 안에 던져둔 짝짝이 장갑을 집어 들었다. 방금 결혼한 신랑신부가 처음엔 새로 산 온전한 장갑처럼 반짝이지만 어느새 자신의 반을 잃어버리거나 잊고서 그 반쪽에 상대를 채우며 사는 것이 우리 부부랑 닮았다. 나는 일단 질기게 잔소리해가며 겁 없이 달려드는 가죽 장갑 한 짝이다. 남편은 욱하는 나의 성질을 감싸 안는 털장갑이다. 날씨가 차가워져서 도저히 맨손으로 길을 나서지 못하는 오늘처럼 우리는 짝짝이로 양손을 덥히며 살아가고 있다.

김 대표한테 글 잘 읽었다고 전화 걸 때 장갑 한 짝 얼른 찾기를 바란다고도 전해야겠다.

| 발문 |

사람 사는 길 위에 사랑을 그리다
- 김미경 수필집 ≪아그리파 그리기≫

한경선 수필가

사람들은 나 아닌 다른 사람이나 사물, 현상과의 관계 속에서 살아간다. 문학은 언어를 통해 삶을 구체적으로 표현한다. 글 쓰는 사람들은 그 삶 속에서 다양한 의미를 찾고 만든다. 삶의 문제를 돌아보아 가치 있는 의미를 만들고 모자라는 부분을 채우면서 더 나은 세상과 삶을 만들고자 한다.

글 속에서 바쁜 발걸음 소리가 들린다. 집안을 돌보고, 아이들을 가르치고, 직업 상담을 하며 일터로 집으로 뛰어다니는 부지런하고 야무진 사람 하나 오고간다. 김미경 수필가가 살아가는 모습이다. 때로는 강하게 때로는 섬세하고 여리게, 그러나 허투루 내디디는 걸음이 한 걸음도 없다.

김미경 수필집 ≪아그리파 그리기≫에는 방관자로서 적당

히 비켜 앉아 안일하게 글을 쓰지 않고, 사람살이 속으로 뛰어들어 적극적으로 진지하게 사랑하고 살아가는 작가의 모습이 생생하게 그려져 있다. 소외된 이들이나 이웃에게 관심을 가지고 이해하려는 삶의 진정성을 보여 준다. 작가는 언어를 통해 인간의 삶을 들여다보고 재해석하여 삶의 진실을 끄집어내고자 한다.

1.

작가가 일하는 인력개발센터의 관장과 강의료 문제 때문에 갈등이 있었다. 처음부터 서면 계약을 하지 않고 수업을 맡겼으며 강의료가 형편없이 지급되었다. 강의료 책정 근거를 알고 싶다고 했더니 '싫으면 강의를 그만두라'는 대답을 했다. 부당한 처우도 문제지만 권위주의로 가득 찬 관장에게 항의하며 맞선다. 그와 대화가 통하지 않자 "그간의 사정을 적은 진정서를 센터 지원 단체인 여성부와 몇몇 인권단체에 보내고, 지원비가 엉뚱한 곳에 쓰이지나 않는지 시의회에서도 관심을 가져줄 것을 부탁"한다. "몇 푼 되지도 않는 강사료 가지고 그렇게 골치 아프게 일을 벌일 필요 있느냐"는 친구의 말에도 일리가 있다고 생각했고, "눈을 조금만 돌리면 편하고 쉬운 길이 분명히 있었을 것이"지만 "무너진 길을 힘들게 가고 있는 내 모습이 싫지는 않다."고 한다. "권리 찾기를 쉽게 포기하고 세상과 타협하기엔 아직 젊"기 때문에. 부당함에 맞서는 그 야무지고 패기 있는 걸음에 믿음이 간다.

작가는 사십 대 중반에 정부기관의 고객상담센터 전화상담원 신입사원이 되었다.

> '전화'를 통해 겪는 상담센터 감정노동자인 나와 동료 이야기, 전화기 너머에서 새어 나오는 실직자의 한숨 소리, 해고된 근로자들의 울분 섞인 목소리, 임금체불을 호소하는 아르바이트생들의 하소연….
>
> — 〈전화를 설명하다〉에서

"검고 뭉툭한 상담용 전화기"를 통해서 소외층의 소리를 듣는다. 감정노동자로서 고충도 많지만 작가는 실업급여가 힘들게 사는 어느 가족에게 힘이 되어 주기를 바란다. 점심은 먹었는지 물으며 번거롭게 해서 미안하다고 하는 사람이 "다음에 박카스 한 '비이'라도 사드리지요."라고 하는 말에서 사람의 정을 느낀다. 김미경 수필가는 구석진 자리에서 우는 이들과 함께 울어주는 가슴을 가졌다. 더 나아가 그들을 그가 가진 힘껏 보듬으려고 한다.

작가는 "현대인의 가장 큰 병은 나병이나 암 또는 폐결핵이 아니라, 스스로를 필요 없는 사람이라고 생각하는 것, 그리고 아무도 돌보아주지 않는다는 생각, 자신이 버려졌다고 생각하는 소외감입니다. 그리고 차갑고 냉정한 무관심, 가난과 질병에 사람이 희생되도록 내버려두는 사회적 무관심입니다."라는 말을 기억한다. "거리로 내몰린 사람들에 대한 사회의 안전망이 절실하다."며 아파트에서 사람이 떨어진 것을 고양이가 떨어졌다고 믿는 초등학교 1학년 주희의 믿음이 깨지지 않기를 바란다.

작가는 입사한 지 얼마 안 되어 노조부위원장 직책을 맡는다. 공무원과 단시간근로자들 사이에 '차별'에 대한 논란이 계속되고 회의시간에는 안건 아닌 일에 큰 목소리를 내는 사람들 때문에 격분하기도 한다.

> 연단 앞에 서서 회의를 이끌어가고 있는 노조위원장의 벌게진 얼굴을 나는 마주볼 수가 없었다. 툭툭 튀어나오는 몇몇 목소리들은 겁쟁이를 나무꼭대기에 겨우 올라가도록 추켜세워 놓고 무섭지, 무섭지 하며 밑둥치를 흔들어대는 악동들 같았다. 난 앞자리에 선 사람의 고충을 눈곱만치도 생각해보지 않느냐, 이렇게 사사건건 시비 걸 거면 그쪽이 집행부를 맡아 해보라고 대거리를 놓고 뛰쳐나오고 싶었다. (중략) 퇴근 후에도 회사 일에 속시침질을 해댔다. …… 공공기

관의 무기 계약직 근로자라는 쉽지 않은 일자리를 얻었기에 작은 분란이 일어나는 것조차도 부담일 수 있었으리라. 이런 마음을 먼저 헤아리지 못하고 원칙만으로 대응한 탓이니 나만큼이나 동료들도 불편한 밤을 보낼 것 같았다. 자꾸 물고 도는 생각 때문에 몇 시간을 뒤척이다가 잠이 들었다.

— 〈아그리파 그리기〉에서

아는 만큼 실천하고 정직하게 행동하려는 사람에게 가로막고 선 벽은 만만하지 않다. 도망치고 싶을 때도 있다. 한편으로 작가를 힘들게 한다고 생각하는 상대방의 입장을 헤아리며 잠들지 못하고 뒤척인다.

2.

작가에게는 여섯 살 난 늦둥이 아들이 있다. 아침마다 엄마와 떨어지기 싫어하는 귀여운 아들이다. "오늘은 엄마 차가 신호에 오래 걸리지 않고, 차가 밀리지도 않고 시간 맞춰 오기를 바라고 또 바"라며 다짐을 받고 약속을 하는 아이이다.

우리 엄마는 참 바쁩니다. 아침 일찍 아빠보다 먼저 뛰어나가는 날도 있구요. 어떤 날은 종일토록 컴퓨터 앞에서 공부만 하기도 하고, 어떤 날은 저녁 모임에 가거나 형아들 글쓰기 공부 시키러 가기도 합니다. 그런 날이면 할머니랑 팽이돌리기를 하거나 텔레비전을 보며 엄마가 돌아올 동안 얌전히 있습니다. 나는 여섯 살 형이니까요. 다섯 살 때는 마구 떼를 써 엄마를 붙잡기도 하고 울어도 보았습니다. 그래도 엄마는 "안 돼." 하며 가버렸으니까 이젠 알아요. 내가 울어도 엄마는 갈 땐 간다는 것을요.

— 〈오십 년짜리 선물입니다〉에서

화자를 여섯 살배기 아들로 설정하여 엄마와 아이의 마음을 그려놓은 동화 한 편을 읽는 듯하다. 아이를 억지로 떼어 놓고 일을 해야 하는 엄마의 마음이 애틋하게 전해온다. 어느 날 아이가 묻는다. "아참 엄마, 엄마는 왜 한 번도 선물을 사지 않아?" 아이 생각에는 엄마는 엄마 선물을 사는 것을 본 적이 없다. "찬아, 그렇게 선물이 좋아? 근데 선물은 꼭 물건으로만 받는 건 아니란다. 엄마는 마흔한 살 때 큰 선물을 받았단다. 앞으로 오십 년 동안은 아무것도 받지 않아도 될 크-은 선물." 독자를 아름답고 맑은 대화 속에 빠져들게 한다.

작가에게는 여섯 살배기 아들도 있지만 스무 살 된 아들도 있다. 큰아들 방에 들어갔다가 여자 친구에게 "너는 나의 0순위야."라고 쓴 편지를 읽는다. "스무 해 동안 길러준 제 엄마는 뒷전이고 두어 달 사귄 여자에게 홀딱 빠져서 콩깍지를 뒤집어쓴 큰놈이 생각할수록 괘씸했다." 하지만 곧 "열세 살 때 늦둥이 동생이 태어나며 찬밥도 아닌 '얼음밥'이 될 때가 더 많았"을 아들 입장을 헤아린다. "사춘기 때 학교 행사나 학부모 참관 수업 때 엄마가 당연히 오지 못할 거라고 생각하여 일정조차 말해주지 않았"던 아들이 안쓰럽다. 그런 작가에게 남편이 "우리들이 지나온 꽃다운 시간을 막 시작한 녀석이 대견하지 않느냐고, 걱정하는 만큼 어리지 않으니 믿어주자"고 달랜다.

> 한 번쯤은 0순위가 된다. 또 어느 때는 0순위를 받들기도 한다. 나름 길거나 아주 짧은 순간이기도 하겠지만 참으로 눈부신 시절이요, 애틋한 순간일 것이다.
>
> 밥상을 치우는데 남편이 그랬다.
>
> "흐음, 당신도 한때는 나의 0순위였느니라."
>
> – 〈스무 살의 0순위〉에서

작가가 위트 있는 글로 그려낸 그림 한 폭이 따뜻하고 사랑스럽다. 그가 뜨겁게 살 수 있는 원동력은 가족인 것이다.

"언니의 바다"가 있다. 형부가 떠난 지 네 해째 되지만 "언니에게 바다를 되찾게 해주려"는 일은 쉽지 않았다. '바다'라는 말만 꺼내도 언니는 손사래를 쳤다. 작가는 어느 날 형부의 마지막 모습을 받아 안은 바다가 보이는 산을 언니와 함께 올랐다.

> "바람에 마른 낙엽이 떨어지는 소리를 들으며 햇살을 받아 더욱 광채를 내는 갈대들의 군무를 지켜보며 우리는 어느덧 정상에 올라와 있었다. 언니는 돌무더기 봉화대 꼭대기에 올라 또 한참 동안 무심히 바다를 바라보았다.
>
> "바다가 참 조용하네."
>
> 늦가을 바람에 땀이 다 식어갈 즈음, 엷은 웃음과 함께 말문을 열었다. 그랬을 것이다. 언니가 본 것은 조용한 바다였을 것이다. 높은 산에서 멀리 바라다본 바다, 파도도 치지 않는 잠잠한 바다, 늦가을의 조용한 바다를 보며 언니는 절망으로 출렁거렸던 가슴속 격랑들을 조금씩 진정시키고 있었던 것이다.
>
> — 〈언니의 바다〉에서

어느 날 갑자기 바뀌어 버린 운명, 언니의 상처가 아물기를 바랐을 것이다. 상처 품은 언니를 안아주고 싶었을 것이다. "어쩌면 형부는 지금 바다로만 뻗어가는 곰솔의 새 가지가, 갯바위 마루에 앉아 쉬는 물새가 되어 있을지도 모"른다는 이야기를 해 주며 바닷바람에 눈물을 날려 버리고 싶었을 것이다.

3.

작가와 함께 '골목길'을 걸었다. 그에게 '상방 골목길'은 어떤 의미로 스며 있는가. 상방上方 마을은 작가가 어린 시절을 보낸 마을이다. 새마을 운동 때 시멘트 포장 신작로가 들어서기도 했지만 비가 내리면 신발에 흙덩이가 붙어 따라다니던 흙길이 많은 마을이었다.

그곳에서 시내로 이사를 하게 되었다. 고향집은 농사를 지으시는 부모님께서 농막으로나 쓰는 곳이 되었다. 지금은 개발이 되어 옛 모습을 찾을 수 없지만 막다른 골목에서 낡은 기와집을 보자 반가움이 일었고, 기억은 유년의 골목길로 돌아갔다. 엿이 먹고 싶어서 숙제검사 맡은 공책 서너 장을 찢어들고 갔던 기억이 떠오른다. 그때는 "자라는 풀들도 제자리를 알고, 꽃들도 마당과 길가에 맞게 순리를 지"켰다. "상방 그 골목길은 아이들의 소리와 사람 사는 냄새마저 조화로웠"다고 추억한다.

제사를 지낸 다음날 아침, 동네 어른들께 진지 드시러 오라는 전갈을 하느라 뛰어다니던 골목길이다. 시내로 이사를 나오고는 그런 심부름할 일이 없어졌다. "형편이 좋아져 많은 음식을 해도 나눠 먹을 데가 없었다. 도심의 직선 길은 깊은 바람만 다니기 좋을 뿐 사람들을 정으로 잇지는 못"했다.

"낭국할매집 둘째 손자 양곤이는 아홉 살 때 죽었다. 두 살 아래인 양곤이는 내가 뛰어놀던 상방 골목길에서 가장 먼저 세상을 등진 또래이다. 팔 다리가 가늘고 얼굴이 유난히 하얬던 양곤이는 '태어날 때부터 아픈' 아이였다." 어느 날 양곤이가 죽고 양곤이가 입던 옷가지를 태울 때 동전도 서너 개 던져 넣었다. 며칠 후 친구는 눈깔사탕을 들고 와 골목길 빈터에 가면 돈을 주울 수 있다고 했다. 거기서 까만 동전을 주워 구판장으로 달려갔다. "그 사탕은 정말 달았다."며 슬픔을 삼킨다. 양곤이는 떠나면서 친구들에게 눈깔사탕 하나 둘씩 주고 갔다. 헤어진다는 것이 놀다가 각자 집으로 갈 때처럼 가볍게 손 흔드는 것만 있는 것이 아닌, 영영 이별도 있다는 것을 알게 한 골목길이다.

그 골목 옛 집터에 큰언니가 어린이집을 세웠다. 옛날처럼 길가에 민들레가 피고 초록 풀이 바람에 날리지는 않지만 회색 빛 골목길을 아이들과 걸으면서 "그래도 골목길은 이어진다"는 것을 알게 된다. "이제 상방 골목길은 지난 세월의 길과 현재의 길이 깁고 잇대어져 재잘대며 걸어가는 아이들의 골목길로 거듭나고 있다."

김미경 수필가에게 '상방 골목길'은 가족들과 함께 어린 시절을 보낸 둥지였다. 사람 사는 세상에는 따뜻한 정이 흐른다는 것을 체득한 곳이며, 꽃 냄새와 풀 냄새 나는 감성을 가지며 살아갈 수 있게 만든 놀이터였고, 철모르고 뛰어다니던 그에게 이별이라는 아련한 아픔을 알게 한 학교였다. 작가는 거기서 그치지 않고 안타깝고 아쉬운 골목길에서 다시 희망을 이야기한다. 흙냄새 나는 흑백 드라마를 본 듯, 책을 손에서 놓지 못하게 하는 연작소설을 읽듯 상방 골목길을 한 바퀴 둘러보았다.

김미경 수필가는 친구들과 논두렁과 밭두렁 곡선 위에서 놀며 자랐다. "곡선이어서 아련하게 들려오는 접동새 소리에 잠시 정신이 팔리면 영락없이 넘어지기 일쑤였"지만 크게 다치는 일이 없었다.

> 마을이 온통 부드러운 곡선뿐인 탓이었을까. 마을 사람들의 심성도 그다지 모나지 않고 다들 평화로웠다. …… 자연에는 원래 직선이 없다는 생각이 든다. 설령 직선의 모습을 보인다 해도 그것은 큰 곡선의 일부일 뿐이라는. 그래서인지 우리 조상들은 자연을 닮은 곡선의 삶을 취한 것 같다.
>
> – 〈곡선〉에서

그가 옳지 않다고 여기는 일에 좌시하지 않고 당당하게 맞서는 것도 결국은 곡선의 세상이 되기를 바라기 때문이 아닐까. 직선으로 앞만 보며, 자기만 보며 사는 삶이 아니라 옆 사람과 함께 어깨 겯고 넘실넘실 살아가는 세상이 작가가 꿈꾸는 곡선의 세상이다. "직선으로 펼쳐 놓은 강물과"도 "모나지 않"게 어우러지는 세상이다.

> 그림을 제출해야 할 시간이 점점 다가오자 조바심에 점심을 먹는 둥 마는 둥 짬을 내 미술실로 달려갔다. 그날 미대진학을 준비하는 친구 S를 만났다. 제 그림을 마무리하러 온 것이었다. 그애와 같은 반은 아니었지만 도 대회 학예회 때 글짓기 대표와 그리기 대표로 함께 참가한 적이 있었다. 슬쩍 내 그림을 보던 S는 아무 말도 않고 내 도화지 위에다 선을 몇 개 쓱쓱 그려주었다. … 내 도화지 위에 길이 보였다. 격자 속에 눈, 코, 입을 그려 넣었고, 턱 선과 어깨선도 어렵지 않게 맞출 수 있었다. … 그 아그리파를 또 그려야 할지 모르겠다. 하지만 더는 그 많은 시간을 보내며 가슴 졸이지 않을 것이다. 내 마음속의 S가 제각기 따로 노는 눈, 코, 입들이 제자리를 잡을 수 있도록 멋진 구도를 잡아줄 것이라 믿기 때문이다.
>
> — 〈아그리파 그리기〉에서

누구에게나 자기만의 '아그리파 그리기'는 있다. 생소하고 서툴러서 터덕거리는 무엇이 있다. 그럴 때 한 걸음 같이 떼어 주는 일, 연필 한 번 같이 쥐어 주는 일, 그것이 세상을 따뜻하고 살맛나게 한다는 것을 알고 있기에 작가는 서로 모자라는 부분을 감싸고 채워주는 세상이 되기를 바란다.

김미경 수필가의 ≪아그리파 그리기≫는 삶을 따뜻하게, 때로는 쓸쓸하게 그려내는 작가의 글 솜씨가 돋보이는 수필집이다. 우리 사는 세상 한 모퉁이에 따뜻하고 맑게 살면서 그 삶을 수필로 그려내는 이가 있다는 것이 기쁘지 아니한가. 김미경 수필가는 뜨겁게 살고, 섬세하게 사랑한다. 그가 살아가는 길, 우리가 살아가는 길 위에 사랑을 그린다.

김미경 수필집

아그리파 그리기

인쇄 2017년 06월 19일
발행 2017년 06월 22일

지은이 김미경
발행인 서정환
펴낸곳 수필과비평사
주소 서울시 종로구 삼일대로 32길 36(익선동 30-6 운현신화타워 빌딩) 305호
전화 (02) 3675-3885, (063) 275-4000 · 0484
팩스 (063) 274-3131
이메일 sina321@hanmail.net essay321@hanmail.net
출판등록 제300-2013-133호
인쇄 · 제본 신아출판사

ISBN 979-11-5933-088-9 03810
값 13,000원

이 도서의 국립중앙도서관 출판예정도서목록(CIP)은 서지정보유통지원시스템 홈페이지(http://seoji.nl.go.kr)와 국가자료공동목록시스템(http://www.nl.go.kr/kolisnet)에서 이용하실 수 있습니다.(CIP제어번호: CIP2017013905)

Printed in KOREA

※ 이 책은 2017년 울산광역시, 울산문화재단 지역문화예술 특성화지원사업의 후원을 받아 발간했습니다.